2024年版

「ハングル」能力検定試験

公式
過去問題集

2023年 第59・60回

3級

まえがき

　「ハングル」能力検定試験は日本で初めての韓国・朝鮮語の検定試験として、1993年の第1回実施から今日まで60回実施され、累計出願者数は52万人を超えました。これもひとえに皆さまの暖かいご支持ご協力の賜物と深く感謝しております。

　ハングル能力検定協会は、日本で「ハングル」*を普及し、日本語母語話者の「ハングル」学習到達度に公平・公正な社会的評価を与え、南北のハングル表記の統一に貢献するという3つの理念で検定試験を実施して参りました。

　「アフターコロナ」となった2023年ですが、春季第59回は61ヶ所、秋季第60回は70ヶ所の会場で無事実施され、総出願者数は21,856名となりました。また、2023年1月と7月に新たに入門級（IBT）オンライン試験が開始されました。このように多くの方々に試験を受けていただいたことは、わたくしたちにとって大変大きな励みとなり、また同時に大きな責任と使命を再確認し、身の引き締まる思いです。

　協会設立当初の1990年代と比べると、「ハングル」学習を取り巻く環境は隔世の感があります。しかしいつの時代も、隣人同士がお互いを知り、良い点は学びあい、困ったときは助け合う姿勢は、人として大切なものです。お互いをよく理解するためには、お互いの言葉でコミュニケーションをとり、文化とその背景を知ることが必要不可欠です。

　本書は「2024年版ハン検*過去問題集」として、2023年春季第59回（6月）、秋季第60回（11月）試験問題を各級ごとにまとめたものです。それぞれに問題（聞きとり音声は公式ホームページの「リスニングサイト」で聴けてダウンロードも可）と解答、日本語訳と詳しい「学習ポイント」をつけました。

　これからも日本語母語話者の学習到達度を測る唯一の試験である「ハン検」を、入門・初級の方から地域及び全国通訳案内士などの資格取得を目指す上級の方まで、より豊かな人生へのパスポートとして、幅広くご活用ください。

　最後に、本検定試験実施のためにご協力くださった、すべての方々に心から感謝の意を表します。

2024年3月吉日

特定非営利活動法人
ハングル能力検定協会

---

*)当協会は「韓国・朝鮮語」を統括する意味で「ハングル」を用いておりますが、協会名は固有名詞のため、「」は用いず、ハングル能力検定協会とします。

*)「ハン検」は「ハングル」能力検定試験の略称です。

目　　次

　本書は2023年に実施された春季第59回(6月)と秋季第60回(11月)「ハングル」能力検定試験の問題とその解答・解説を、実施回ごとに分けて収めました。聞きとり問題の音声は協会公式ホームページの「リスニングサイト(聞きとり問題音声再生ページ)」で聴くか、「リスニングサイト」から音声ファイルをダウンロードして聴くことができます(次ページ参照)。

■「問題」

・試験会場で配布される試験問題冊子に準じていますが、聞きとり試験の際メモを取る空欄は、書籍サイズやデザインの関係上、若干調整されています。
・聞きとり問題の音声トラック番号は、🔊 04 のように示し、2回繰り返すものについては割愛しています。

■「解答と解説」

・4つの選択肢の中で、正答は白抜き数字❶❷❸❹となります。
・大問(1、2など)の最初に、この問題の出題意図と出題形式を示しています。
・詳しい解説は問題ごとに「学習ポイント(学習Pで表示)」で示しています。
・中級レベルをクリアした学習者の「聴解力」を問う1、2級聞きとり問題と、1、2級筆記の翻訳問題には「学習ポイント」は付きません。
・すべての問題文と選択肢に日本語訳を付けています。

■ マークシート見本

・巻末にマークシート形式の解答用紙見本(70%縮小)を付けました。本番の試験に備えて、記入欄を間違えないよう解答番号を確認してください。

■ 記号などの表示について

　[ ] → 発音の表記であることを示します。
　〈 〉→ 漢字語の漢字表記(日本漢字に依る)であることを示します。
　( ) → 該当部分が省略可能であるか、前後に( )内のような単語などが続くことを示します。
　【 】→ 直訳など、何らかの補足説明が必要であると判断された箇所であることを示します。
　「 」→ 学習ポイント中の日本語訳であることを示します。
　　★ → 大韓民国と朝鮮民主主義人民共和国との、正書法における表記の違いを示します(南★北)。

リスニングサイト(聞きとり問題の音声聞きとり・ダウンロード)について

■第59回・第60回試験の聞きとり問題の音声ファイルを、以下のサイトで聴くことができます。また無料でダウンロードできます(MP3形式データ)。
なおダウンロードした音声ファイルはZIP形式で圧縮されています。

① 以下のURLをブラウザに入力し「リスニングサイト」を開いてください。

▶ https://hangul.or.jp/listening

※QRコードリーダーで
　読み取る場合→

② 「リスニングサイト」に以下のログインIDとパスワードを入力してください。

▶ログインID：hangul　　▶パスワード：kakomon

■ 本文聞きとり問題の 🔊 00 マーク箇所をトラックごとに聞くことができます。

■ パソコンやタブレットにダウンロードした音声ファイルを再生するには、MP3ファイルが再生できる機器やソフトなどが別途必要です。ご使用される機器や音声再生ソフトに関する技術的な問題は、各メーカー様宛にお問い合わせください。

■ スマートフォンで音声ダウンロード・再生を行う場合は、ZIPファイルを解凍するアプリが別途必要です。ご使用される端末やアプリに関する技術的な問題は、各メーカー様宛にお問い合わせください。

■ 本書と音声は、「著作権法」保護対象となっています。

※音声聞きとり・ダウンロードに関する「Q&A」を協会公式ホームページに掲載しました。ご参照ください。　▶ https://hangul.or.jp/faq/

その他ご質問については、協会事務局宛にメールにてご相談ください。
▶ inquiry@hangul.or.jp

■「、」と「；」の使い分けについて

　1つの単語の意味が多岐にわたる場合、関連の深い意味同士を「、」で区切り、それとは異なる別の意味でとらえた方が分かりやすいもの、同音異義語は「；」で区切って示しました。

■ ／ならびに{ ／ }について

　／は言い換え可能であることを示します。用言語尾の意味を考える上で、動詞や形容詞など品詞ごとに日本語訳が変わる場合は、例えば「～｛する／である｝が」のように示しています。これは「～するが」、「～であるが」という意味になります。

◎３級（中級前半）のレベルの目安と合格ライン

■レベルの目安

60分授業を160回受講した程度。日常的な場面で使われる基本的な韓国・朝鮮語を理解し、それらを用いて表現できる。

・決まり文句以外の表現を用いてあいさつなどができ、丁寧な依頼や誘いはもちろん、指示・命令、依頼や誘いの受諾や拒否、許可の授受など様々な意図を大まかに表現することができる。
・私的で身近な話題ばかりでなく、親しみのある社会的出来事についても話題にできる。
・日記や手紙など比較的長い文やまとまりを持った文章を読んだり聞いたりして、その大意をつかむことができる。
・単語の範囲にとどまらず、連語など組合せとして用いられる表現や、使用頻度の高い慣用句なども理解し、使用することができる。

■合格ライン

●100点満点（聞取40点中必須12点以上、筆記60点中必須24点以上）中、60点以上合格。

3級

全15ページ
聞きとり 20問/30分
筆　記 40問/60分

2023年 春季 第59回
「ハングル」能力検定試験

【試験前の注意事項】
1 ）監督の指示があるまで、問題冊子を開いてはいけません。
2 ）聞きとり試験中に筆記試験の問題部分を見ることは不正行為となるので、充分ご注意ください。
3 ）この問題冊子は試験終了後に持ち帰ってください。
　　マークシートを教室外に持ち出した場合、試験は無効となります。
※ CD3 などの番号はCDのトラックナンバーです。

【マークシート記入時の注意事項】
1 ）マークシートへの記入は「記入例」を参照し、ＨＢ以上の黒鉛筆またはシャープペンシルではっ
　　きりとマークしてください。ボールペンやサインペンは使用できません。
　　訂正する場合、消しゴムで丁寧に消してください。
2 ）氏名、受験地、受験地コード、受験番号、生まれ月日は、もれのないよう正しく記入し、マーク
　　してください。
3 ）マークシートにメモをしてはいけません。メモをする場合は、この問題冊子にしてください。
4 ）マークシートを汚したり、折り曲げたりしないでください。

※試験の解答速報は、6月4日の全級試験終了後（17時頃）、協会公式ＨＰにて公開します。
※試験結果や採点について、お電話でのお問い合わせにはお答えできません。
※この問題冊子の無断複写・ネット上への転載を禁じます。

◆次回 2023年 秋季 第60回検定：11月12日（日）実施◆

ハングル能力検定協会
한글능력검정협회

問 題

聞きとり問題   聞きとり試験中に筆記問題を解かないでください。

◀)) 04

1 選択肢を2回ずつ読みます。絵や表の内容に合うものを
①～④の中から1つ選んでください。
（マークシートの1番～2番を使いなさい）   〈2点×2問〉

◀)) 05

1）

マークシート **1**

①_____   ②_____

③_____   ④_____

問　題

🔊 06

2)

マークシート **2**

小学生・中学生・高校生がなりたい職業		
小学生	**中学生**	**高校生**
1 スポーツ選手	教師	教師
2 医者	医者	看護師
3 教師	警察官	科学者および研究者

①_____　②_____

③_____　④_____

🔊 07

2 短い文と選択肢を２回ずつ読みます。文の内容に合うもの
を①～④の中から１つ選んでください。
（マークシートの３番～８番を使いなさい）　〈２点×６問〉

🔊 08

1)　_____　マークシート **3**

①_____　②_____　③_____　④_____

問　題

◀》 09

2) _____ マークシート **4**

①_____　②_____　③_____　④_____

◀》 10

3) _____ マークシート **5**

①_____　②_____　③_____　④_____

◀》 11

4) _____ マークシート **6**

①_____　②_____　③_____　④_____

◀》 12

5) _____ マークシート **7**

①_____　②_____　③_____　④_____

◀》 13

6) _____ マークシート **8**

①_____　②_____　③_____　④_____

問　題

🔊 14

3 短い文を2回読みます。引き続き選択肢も2回ずつ読みます。応答文として適切なものを①〜④の中から1つ選んでください。

（マークシートの9番〜12番を使いなさい）　〈2点×4問〉

🔊 15

1）──────────────────────────── マークシート **9**

①──────────────── ②────────────────
③──────────────── ④────────────────

🔊 16

2）──────────────────────────── マークシート **10**

①──────────────── ②────────────────
③──────────────── ④────────────────

🔊 17

3）──────────────────────────── マークシート **11**

①──────────────── ②────────────────
③──────────────── ④────────────────

問　題

◀)) 18　　　　　　　　　　　　　　　　　　　　　　　マークシート12

4) ---

　　① ----------------------------　② ----------------------------
　　③ ----------------------------　④ ----------------------------

◀)) 19

4　問題文を2回読みます。文の内容と一致するものを①～④
　　の中から1つ選んでください。
　　（マークシートの13番～16番を使いなさい）　　〈2点×4問〉

◀)) 20

1)　　　　　　　　　　　　　　　　　　　　　　　マークシート13

　　---

　　① 大学を卒業すれば良い会社で働くことができる。
　　② 小さい会社は働き手が不足している。
　　③ 小さい会社で働きたがる学生が増えている。
　　④ 最近は小さい会社の方が景気がいい。

問 題

🔊 21

2 ）

マークシート **14**

----

① この病院は診療時間が短い。

② 病院には眼科はない。

③ この病院には保育園も併設されている。

④ 深夜でも診療を受けられる。

🔊 22

3 ）

マークシート **15**

남 : --

여 : --

남 : --

여 : --

① 女性は皮膚病の治療のために韓国に行った。

② 女性は最近韓国を旅行した。

③ 男性は韓国で芸能人に会った。

④ 女性は男性に化粧品をすすめている。

問 題

🔊 23

4)

マークシート **16**

남 : --

여 : --

남 : --

여 : --

① 女性は男性に恋人を紹介してもらった。

② 二人は一緒に合コンに参加した。

③ 二人は付き合うことになった。

④ 男性は合コンに参加したいと思っている。

問　題

◀》 24

5 問題文を２回読みます。文の内容と一致するものを①〜④の中から１つ選んでください。

（マークシートの17番〜20番を使いなさい）　〈2点×4問〉

◀》 25

1)　　　　　　　　　　　　　　　　　　　　　　マークシート **17**

----

① 열차가 공항에 도착했다.
② 열차 안에서 물건을 파는 사람이 많다.
③ 이번 역에서는 왼쪽 문이 열릴 것이다.
④ 열차는 서울역까지 간다.

問　題

◀)) 26

2)

マークシート 18

---

① 할아버지는 할머니와 함께 살고 계신다.
② 할아버지는 매일 산책을 하신다.
③ 나는 여름마다 할아버지를 뵈러 간다.
④ 나는 시골에 가면 할아버지와 함께 온천에 간다.

◀)) 27

3)

마크시트 19

남 : _____
여 : _____
남 : _____
여 : _____

① 여자는 잘생긴 것이 가장 중요하다고 생각한다.
② 남자는 여자한테 보험 상품을 팔려고 한다.
③ 여자는 애인에게 경제력을 바라지 않는다.
④ 남자는 여자가 어떤 사람을 좋아하는지 궁금하다.

🔊 28

4)

マークシート 20

남 : _____

여 : _____

남 : _____

여 : _____

① 여자는 벌써 표를 두 장 샀다.

② 남자는 줄을 서서 어렵게 표를 샀다.

③ 두 사람은 같이 표를 사러 가기로 했다.

④ 남자는 친구에게서 표를 받았다.

筆記問題

筆記試験中に聞きとり問題を解かないでください。

1 下線部を発音どおり表記したものを①～④の中から１つ選びなさい。

（マークシートの１番～３番を使いなさい）　　〈1点×3問〉

1) 이 근처에 정류장이 있나요?　　　　　　　　マークシート **1**

　　① [정뉴장]　　② [절류장]　　③ [정유장]　　④ [정뮤장]

2) 어두워서 누구인지 못 알아봤어요.　　　　　　マークシート **2**

　　① [모사라봐써요]　　　　② [모다라봐써요]
　　③ [몯따라봐써요]　　　　④ [몬나라봐써요]

3) 새로 생긴 빵집에 가 보셨어요?　　　　　　　マークシート **3**

　　① [빵찝]　　② [빵칩]　　③ [빤집]　　④ [빤찝]

2 （　　　）の中に入れるのに適切なものを①～④の中から1つ選びなさい。

（マークシートの4番～9番を使いなさい）　〈1点×6問〉

1）내 어릴 때 꿈은 아버지처럼 훌륭한 （ マークシート **4** ）이 되는 것이었다.

　　① 경찰관　　② 가치관　　③ 식탁　　④ 공장

2）나는 아침에 일어나면 수염부터 （ マークシート **5** ）.

　　① 흘린다　　② 앞선다　　③ 잊혀진다　　④ 깎는다

3）（ マークシート **6** ） 무슨 말을 하는지 이해가 안 간다.

　　① 비록　　② 도대체　　③ 제대로　　④ 꽤

4）A : 교회가 어디 있는지 아세요?
　　B : 저, （ マークシート **7** ）를 지나서 오른쪽으로 가면 있어요.

　　① 목걸이　　② 뿌리　　③ 사거리　　④ 글쓰기

問 題

5）A : 시간 아직 괜찮아요?

B : (マークシート **8**) 출발 시간까지 5분밖에 안 남았어요.

① 제공해요.　② 태워요.　③ 선전해요.　④ 서둘러요.

6）A : 그 친구 잘생겼는데 왜 애인이 없어요?

B : (マークシート **9**) 그래요.

A : 그러면 모델이나 여배우를 만나야겠네요.

① 눈이 높아서　　　　② 생각이 짧아서

③ 정신이 없어서　　　　④ 열이 나서

3 （　　　）の中に入れるのに適切なものを①～④の中から
1つ選びなさい。

（マークシートの10番～14番を使いなさい）　〈1点×5問〉

1）이것(マークシート**10**) 내가 할 일은 다 끝났다.

① 으로서　　② 이란　　③ 으로써　　④ 이야말로

2) 경기가 (マークシート11) 다리를 다쳐 버렸다.

① 시작되자마자　　　② 시작되도록
③ 시작되느냐고　　　④ 시작되거나

3) 그는 공부를 많이 (マークシート12) 정말로 아는 것이 많다.

① 할 테니까　② 하는 김에　③ 해서 그런지　④ 한 지

4) A : 1번을 고르세요.
　 B : 네? 몇 번을 (マークシート13) 한 번 더 말씀해 주시겠어요?

① 고르라고요?　　　② 고르냐고요?
③ 고른다고요?　　　④ 고르자고요?

5) A : 미영 씨, 술 좀 하세요?
　 B : 저요? 세지는 않지만 (マークシート14)

① 즐기는가 봐요.　　② 즐기기가 어려워요.
③ 즐기는 모양이에요.　④ 즐기는 편이에요.

問　題

4

文の意味を変えずに、下線部の言葉と置き換えが可能なものを①〜④の中から1つ選びなさい。

（マークシートの15番〜18番を使いなさい）　〈2点×4問〉

1) <u>값이 나가는</u> 시계를 선물로 받았다.　　　マークシート **15**

① 진짜 싼　　　　　　　　② 아주 비싼
③ 너무 멋있는　　　　　　④ 별로 비싸지 않은

2) 그렇게 중학생 때 내 짝사랑은 <u>막을 내렸다</u>.　　マークシート **16**

① 시작했다　② 끝났다　③ 견뎠다　④ 고생했다

3) A : 일은 다 끝났어요?
B : 네. 어제 <u>밤새워서</u> 겨우 끝냈어요.　　マークシート **17**

① 12시 경에는　② 잠을 안 자고　③ 밤에는 자고　④ 밤늦게

4) A : 하시던 일, <u>그만두게</u> 되셨다고 들었어요.
B : 네. 손님이 적어서 그렇게 됐어요.　　マークシート **18**

① 선을 넘게　　　　　　　② 입을 모으게
③ 손을 떼게　　　　　　　④ 정신이 빠지게

5 　２つの（　　　）の中に入れることができるものを①～④の
　　　中から１つ選びなさい。

　　（マークシートの19番～21番を使いなさい）　　〈1点×3問〉

１）・마당에（　　　　　）들이 많이 자랐다.
　　・（　　　　　）로/으로 포스터를 붙이세요.　　マークシート**19**

　　　① 꽃　　　　　② 나무　　　　③ 테이프　　　④ 풀

２）・길이（　　　　）좀 늦을 것 같습니다.
　　・머리가（　　　　）좀 쉬고 싶어요.　　マークシート**20**

　　　① 아파서　　　② 막혀서　　　③ 멀어서　　　④ 복잡해서

３）・나는 책임（　　　　）싫으니까 안 할래요.
　　・꽃이 다（　　　　）전에 구경하러 가요.　　マークシート**21**

　　　① 지기　　　　② 피기　　　　③ 맡기　　　④ 보기

問　題

6 対話文を完成させるのに最も適切なものを①〜④の中から
1つ選びなさい。

（マークシートの22番〜25番を使いなさい）　〈2点×4問〉

1）　A：오래간만에 오셨네요. 일이 바쁘셨어요?

　　B：([マークシート**22**])

　　A：그래서 얼굴이 많이 타셨군요.

　　① 아뇨. 시간은 많았는데 돈이 없어서요.
　　② 계속 집에서 쉬었어요.
　　③ 가족들하고 제주도로 여행을 다녀왔어요.
　　④ 아파서 입원했었거든요.

2）　A：주문 도와드리겠습니다.

　　B：([マークシート**23**])

　　A：대단히 죄송합니다. 지금 바로 확인해 보겠습니다.

　　① 곰탕 하나 주세요.
　　② 친구가 벌써 카드로 계산했대요.
　　③ 여기 핸드폰 충전 되나요?
　　④ 아까 막걸리 시켰는데 왜 아직 안 나와요?

S. S

3) A : 요즘 일본 대학생들 사이에서 뭐가 유행하고 있어요?

　B : (マークシート**24**)

　A : 그래요? 일본 술도 맛있는 거 많잖아요.

① 한국 화장품을 쓰는 친구들이 많아졌어요.
② 새로 시작한 한국 드라마가 인기가 있어요.
③ 제 일본 친구들은 한국 소주를 자주 마셔요.
④ 한국의 옷을 인터넷으로 사는 애들이 많아요.

4) A : 언제 귀국하신다고 했죠?

　B : (マークシート**25**)

　A : 와, 취직 축하드려요! 정말 잘됐네요.

① 실은 지금 다니는 학교에서 직원으로 일하게 됐어요.
② 다음 주 토요일이니까 얼마 안 남았어요.
③ 어제 밤 비행기로 돌아왔어요.
④ 아직 못 정했어요. 지금 이것저것 알아보고 있어요.

問　題

7 下線部の漢字と同じハングルで表記されるものを①〜④の中から1つ選びなさい。

（マークシートの26番〜28番を使いなさい）　〈1点×3問〉

1）自信　　　　　　　　　　　　　　　　マークシート**26**

　　① 同時　　② 字幕　　③ 時間　　④ 二次

2）除外　　　　　　　　　　　　　　　　マークシート**27**

　　① 教材　　② 財産　　③ 裁判　　④ 提供

3）政治　　　　　　　　　　　　　　　　マークシート**28**

　　① 専門　　② 店員　　③ 感情　　④ 伝統

問 題

8 文章を読んで【問１】～【問２】に答えなさい。
（マークシートの29番～30番を使いなさい）　〈2点×2問〉

　오늘의 일기예보를 알려 드리겠습니다. 걱정되던 태풍이 큰 피해 없이 한반도에서 빠지고 오늘은 전국적으로 날씨가 개겠습니다. 최고 기온이 32도, 최저 기온이 24도, （ マークシート**29** ） 기분 좋은 날씨가 되겠습니다. 다만 오전 중에는 바람이 세게 불고 파도도 높겠습니다. 바다에 놀러 가시는 분은 사고가 나지 않게 특별히 조심해야 하겠습니다. 저녁부터는 날씨가 흐려지는 지역도 있겠지만 비는 내리지 않겠습니다. 그러니 아침에 집을 나가실 때 우산을 챙길 필요는 없겠습니다. 그러면 좋은 하루 되십시오.

【問１】　（ マークシート**29** ）に入れるのに適切なものを①～④の中から
　　　　　１つ選びなさい。
　　　　　　　　　　　　　　　　　　　　　　マークシート**29**

　　① 공기가 맑고 먼지가 없는
　　② 먼지가 많고 숨이 막히는
　　③ 날씨가 춥고 눈이 오는
　　④ 태풍이 다가오면서 비가 내리는

問 題

【問2】 本文の内容から分かることを①～④の中から1つ選びなさい。

マークシート**30**

① 전국적으로 태풍 때문에 피해가 많았다.
② 오늘 최저 기온은 20도 이하로 내려 갈것이다.
③ 오늘은 바다에서 노는 것은 위험할 수 있다.
④ 오늘은 비옷을 가지고 나가는 것이 좋겠다.

9 対話文を読んで【問1】～【問2】に答えなさい。
(マークシートの31番～32番を使いなさい) 〈2点×2問〉

팀장 : 성근 씨, 얼굴 표정이 왜 그래요?
성근 : 아, 팀장님, 실은 저, 이번 달에 회사를 그만두려고 해요.
팀장 : 갑자기 왜요? 무슨 일이 있었나요?
성근 : 회사에 불만이 있는 것은 아닌데 하고 싶은 일이 따로 생겼어요.
팀장 : 하고 싶은 일이요? 다른 회사로 옮기려고요?
성근 : 아니에요. (マークシート**31**)
팀장 : 그래요? 갑자기 다시 공부를 시작하겠다니 놀랍기도 하고, 회사를 떠난다니 섭섭하기도 하네요.
성근 : 죄송합니다. 저도 아쉽기는 하지만 열심히 해 보려고 합니다.

問　題

【問1】 （ マークシート31 ）に入れるのに適切なものを①〜④の中から1つ
選びなさい。

マークシート31

① 제가 돈가스 집을 새로 시작하려고 해요.
② 실은 재일 교포와 결혼해서 일본에 가기로 했어요.
③ 다음 달에 군대에 가게 됐거든요.
④ 대학원에 가서 좀 더 공부를 할 생각입니다.

【問2】 対話文の内容と一致するものを①〜④の中から1つ選び
なさい。

マークシート32

① 성근은 회사가 싫어서 일을 그만둔다.
② 팀장은 성근이 다른 회사로 간다는 걸 알고 있었다.
③ 성근은 다음 달에 팀장이 된다.
④ 성근은 새로운 출발을 하기로 마음먹었다.

問 題

10 文章を読んで【問1】〜【問2】に答えなさい。
(マークシートの33番〜34番を使いなさい)　〈2点×2問〉

　최근 한국에서 일식집을 찾는 손님들이 많다. 초밥은 오래전부터 인기가 많았지만 요즘에는 일본식 라면인 '라멘'집이 인기를 끌고 있다. 2000년대 후반에는 '돈코쓰 라멘'이 유행했지만 지금은 간장 맛이나 된장 맛, 소금 맛뿐만 아니라 마늘 기름이나 고추기름 맛 등 여러 종류의 '라멘'이 등장했다. 전국에 300개 이상 '라멘'집이 있는데 그 중 100개가 서울 마포구에 집중되어 있다고 한다. (マークシート**33**) 일본에 있는 어느 마트에서나 한국 봉지 라면을 쉽게 살 수 있고 많은 일본 사람들이 집에서 한국 라면을 끓여서 즐겨 먹고 있다.

【問1】　(マークシート**33**)에 들어갈 것으로 最も適切なものを①〜④の中から1つ選びなさい。　マークシート**33**

① 그러나 한국 라면은 일본에서 인기가 없다.
② 한편 한국 라면도 일본에서 인기가 많다.
③ 반면 초밥은 인기가 점점 없어지고 있다.
④ 그런데 중국 사람들은 더 이상 라면을 안 먹는다.

問　題

【問2】　本文の内容と一致するものを①〜④の中から1つ選びな
さい。　　マークシート**34**

① 일본 음식을 즐기는 한국인은 많지 않다.

② 한국식 라면 집이 일본 여러 곳에 생기고 있다.

③ 한국 라면은 일본에서 사기 힘들다.

④ '라멘'은 많은 한국인들에게 사랑받고 있다.

11 下線部の日本語訳として適切なものを①〜④の中から1つ
選びなさい。

（マークシートの35番〜37番を使いなさい）　〈2点×3問〉

1) 어제 본 영화가 무서워서 <u>울 뻔했어요.</u>　　マークシート**35**

① すごく泣きました。　　　② 泣きそうになりました。

③ 全然泣けませんでした。　④ 泣いたこともありました。

2) 그다지 기대 안 했는데 맛은 <u>제법이었다.</u>　　マークシート**36**

① なかなかだった。　　　② 思ったとおりだった。

③ 好みに合っていた。　　④ 説明どおりだった。

問　題

3）내 친구는 <u>앞뒤가 안 맞는</u> 말을 자주 한다.　　　マークシート**37**

　　① つまらない
　　② 理屈っぽい
　　③ 大げさな
　　④ つじつまが合わない

12 下線部の訳として適切なものを①〜④の中から 1 つ選びなさい。

　　（マークシートの38番〜40番を使いなさい）　　〈2点×3問〉

1）今年のチームは、選手の<u>息がぴったりだ。</u>　　　マークシート**38**

　　① 손발이 잘 맞는다.
　　② 숨이 찬다.
　　③ 한숨을 쉰다.
　　④ 말도 못한다.

２）毎日友達とふざけ合っていた高校時代が、<u>つい最近のことの</u>
　　<u>ようだ。</u>　　　　　　　　　　　　　　　　マークシート**39**

　　① 엊그제 같다.
　　② 최근 것 같다.
　　③ 어제오늘의 일이 아니다.
　　④ 때와 장소를 가린다.

３）新しく来た秘書は、本当に<u>気が利く。</u>　　マークシート**40**

　　① 거리가 멀다.
　　② 눈치가 빠르다.
　　③ 어깨가 가볍다.
　　④ 정신이 없다.

解　答　　　（＊白ヌキ数字が正答番号）

聞きとり 解答と解説

1 絵や表の内容に合うものを選ぶ問題　　　　　〈各2点〉

1)

❶ 여러 명이 댄스 연습을 하고 있습니다.

　　→ 数名がダンスの練習をしています。

② 혼자서 악기를 연주하고 있습니다.

　　→ 一人で楽器を演奏しています。

③ 공을 차며 놀고 있습니다.

　　→ ボールを蹴って遊んでいます。

④ 음악을 들으면서 소설을 읽고 있습니다.

　　→ 音楽を聴きながら小説を読んでいます。

学習P　人物が何をしているかを聞き取る問題。音楽は5級、小説、公は4級、댄스、악기は3級の語彙。-고 있다「～している(進行中の動作をあらわす)」は4級の慣用表現。

解 答

2)

小学生・中学生・高校生がなりたい職業		
小学生	**中学生**	**高校生**
1 スポーツ選手	教師	教師
2 医者	医者	看護師
3 教師	警察官	科学者および研究者

① 경찰관이 되고 싶은 초등학생이 많다.

→ 警察官になりたい小学生が多い。

② 병원에서 일하고 싶어하는 학생은 적다.

→ 病院で働きたい学生は少ない。

❸ 선생님은 인기가 많은 직업이다.

→ 先生は人気が高い職業だ。

④ 운동선수가 되고 싶은 고등학생이 많다.

→ スポーツ選手になりたい高校生が多い。

学習Ⓟ 「小中高生がなりたい職業」ランキング表の内容と一致する文を選ぶ問題。

2 文の内容に合うものを選ぶ問題   〈各 2 点〉

1) 아버지의 형제, 특히 결혼하지 않은 남자 형제를 부를 때 사용합니다.

→ 父の兄弟、特に結婚していない男兄弟を呼ぶときに使います。

① 사촌　　　　→ 従兄弟
　　　　　　　　いとこ

❷ 삼촌 → おじ

③ 작은어머니 → おば

④ 시장 → 市場

学習Ⓟ 「人を表す名詞」を選ぶ問題。

解　答

2）사람들이나 차가 지나 다니는 곳입니다.

　　→ 人々や車が通るところです。

　　❶ 길거리 → 道　　　　② 미용실　→ 美容室

　　③ 사무실 → 事務室　　④ 레스토랑 → レストラン

　学習Ⓟ 「場所を表す名詞」を選ぶ問題。

3）신 맛을 추가할 때 이것을 넣습니다.

　　→ 酸っぱい味を追加するとき、これを入れます。

　　① 받침 → 終声、パッチム　　② 보물 → 宝物

　　③ 밥솥 → 炊飯器　　　　　　❹ 식초 → お酢

　学習Ⓟ 「物を表す名詞」を選ぶ問題。

4）덥거나 춥지 않고 알맞게 온도가 낮은 것을 말합니다.

　　→ 暑くなく寒くなく、ちょうどよく温度が低いことを言います。

　　① 뜨겁다　 → 熱い　　　② 차갑다　 → 冷たい

　　❸ 시원하다 → 涼しい　　④ 심각하다 → 深刻だ

　学習Ⓟ 「形容詞」を選ぶ問題。

5）이를 닦을 때 필요합니다.　→ 歯を磨くとき必要です。

　　① 장갑 → 手袋　　　　　❷ 치약 → 歯磨き粉

　　③ 단추 → ボタン　　　　④ 비누 → 石鹸

　学習Ⓟ 「物を表す名詞」を選ぶ問題。

解 答

6) 문제를 해결하기 위한 방법이 없다는 뜻입니다.

   → 問題を解決するための方法がないという意味です。

  ❶ 대책이 안 서다　→ なす術がない

  ② 귀가 아프다　　→ 耳が痛い

  ③ 눈치가 없다　　→ 気が利かない

  ④ 다리를 놓다　　→ 橋をかける

学習Ⓟ 「慣用句」を選ぶ問題。

3 相手の発話を聞いて、それに対する応答文を選ぶ問題　〈各2点〉

1) 교수님, 오늘 강의 내용과 관련해서 좀 여쭤봐도 될까요?

   → 先生、今日の講義の内容と関連して、ちょっとお伺いしてもよろしいでしょうか?

  ❶ 그럼요. 질문이 뭐죠?

    → もちろんです。質問はなんですか?

  ② 그럼요. 이쪽을 보시면 안 되죠.

    → もちろんです。こっちをご覧になってはいけません。

  ③ 네. 좋은 질문 감사합니다.

    → はい。いい質問ありがとうございます。

  ④ 네. 오늘 과제는 없습니다.

    → はい。今日の課題はありません。

学習Ⓟ 「〜してもいい」は、 -{아/어}도 되다と言う。

解 答

2) 머리를 기르시는 거예요? → 髪を伸ばされてるんですか?

① 개가 한 마리, 고양이도 두 마리 있어요.
   → 犬が一匹、猫も二匹います。

② 고마워요. 어제 시장에서 사 왔어요.
   → ありがとうございます。昨日市場で買ってきました。

③ 일주일에 한두 번은 수영장에 가요.
   → 1週間に1、2回はプールに行きます。

❹ 바빠서 자를 시간이 없었을 뿐이에요.
   → 忙しくて切る時間がなかっただけです。

学習Ⓟ -(으)ㄹ 뿐이다は「～{する／である}だけだ」の意味。

3) 어떡하죠? 자격 시험 날까지 얼마 안 남았어요.
   → どうしましょう? 資格試験の日までいくらもありません。

① 충전기 가지고 왔는데 빌려 드릴까요?
   → 充電器を持ってきたんですけど、貸して差し上げましょうか?

❷ 연습 문제를 집중적으로 푸는 게 어때요?
   → 練習問題を集中的に解くのはどうですか?

③ 열심히 공부했으니까 붙었을 거예요.
   → 一生懸命勉強したから合格したはずです。

④ 삼십 만 원이면 되나요? 모자라면 더 주고요.
   → 30万ウォンあればいいですか? 足りなければもっとあげますよ。

学習Ⓟ 어떡하죠?は「どうしましょう」の意味。

解　答

4) 카드로 계산해 주세요. → カードでお会計してください。

① 제가 대학에서 수학을 전공했습니다.

  → 私は大学で数学を専攻しました。

② 네. 가능성이 있는 한 결코 포기하지 않겠습니다.

  → はい。可能性があるかぎり、決して放棄しません。

❸ 죄송합니다. 우리 가게는 현금으로만 받습니다.

  → 申し訳ございません。当店では現金でのみいただきます。

④ 네. 거스름돈 여기 있습니다.

  → はい。お釣をどうぞ。

学習P　계산하다には「計算する」と「会計をする、支払う」という意味がある。④の여기 있습니다は直訳では「ここにあります」だが、何かを相手の前に差し出して「どうぞ」という場面で用いる表現。

4　内容一致問題（選択肢は日本語で活字表示）　　　〈各２点〉

1)　요즘에는 대학을 졸업해도 좋은 회사에 취직하기가 어렵다고 합니다. 그 반면에 작은 회사에서는 일할 사람이 없어서 경영이 어려운 경우가 많다고 합니다. 작은 회사에 대한 사람들의 의식이 변하면 이 문제가 해결될지도 모릅니다.

[日本語訳]

　最近では大学を卒業しても良い会社に就職するのが難しいと言います。その反面、小さな会社では働く人がいなくて経営が難しい場合が多いと言います。小さな会社に対する人々の意識が変わると、この問題は解決するかもしれません。

解 答

① 大学を卒業すれば良い会社で働くことができる。

　　→ 대학교를 졸업하면 좋은 회사에서 일할 수 있다.

❷ 小さい会社は働き手が不足している。

　　→ 작은 회사는 일손이 부족하다.

③ 小さい会社で働きたがる学生が増えている。

　　→ 작은 회사에서 일하고 싶어하는 학생이 늘고 있다.

④ 最近は小さい会社の方が景気がいい。

　　→ 요즘에는 작은 회사가 더 일이 잘된다.

學習Ⓟ　-기(가) 어렵다는 「～するのが難しい」の意味。

2)　　우리 동네에 새로 큰 병원이 생겼습니다. 내과와 외과는 물론이고 눈이나 이가 아파도 여기서 치료를 받을 수가 있습니다. 게다가 24시간 치료를 받을 수 있어 어린 아이를 둔 부모들이 대환영을 하고 있습니다.

[日本語訳]

　私たちの町に新たに大きな病院ができました。内科や外科はもちろん、目や歯が痛くてもここで治療を受けることができます。さらに24時間、治療を受けることができるので、幼い子供を持つ親が大歓迎をしています。

① この病院は診療時間が短い。

　　→ 이 병원은 진료 시간이 짧다.

② 病院には眼科はない。

　　→ 병원에는 안과는 없다.

③ この病院には保育園も併設されている。

　　→ 이 병원에는 어린이 집도 있다.

解　答

❹ 深夜でも診療を受けられる。

　　→ 늦은 밤에도 진료를 받을 수 있다.

学習P　-(으)ㄹ 수(가) {있다／없다}は「〜することが{できる／できない}」の意味。
　　　　진료「診療」、안과「眼科」は準2級の単語。

3） 남 : 혹시 피부 관리 받았어요? 피부가 더 좋아진 것 같아요.

　　여 : 지난주에 한국에 여행 간 김에 받아 봤어요.

　　남 : 완전 연예인 같은데요.

　　여 : 다나카 씨도 한번 받아 봐요. 최근에는 남성들도 화장을 하
　　　　고 그러잖아요.

[日本語訳]

男：もしかしてエステを受けましたか？ 肌が一層良くなったみたいです。

女：先週、韓国に旅行に行ったついでに受けてみました。

男：完全に芸能人のようですね。

女：田中さんも一度受けてみてください。最近では男性たちも化粧をし
　　たりするじゃないですか。

① 女性は皮膚病の治療のために韓国に行った。

　　→ 여성은 피부병 치료를 위해 한국에 갔다.

❷ 女性は最近韓国を旅行した。

　　→ 여성은 최근에 한국을 여행했다.

③ 男性は韓国で芸能人に会った。

　　→ 남성은 한국에서 연예인을 만났다.

④ 女性は男性に化粧品をすすめている。

　　→ 여성은 남성에게 화장품을 권하고 있다.

学習P　-는 김에は「〜するついでに」の意味。

解 答

4） 남 : 이렇게 멋있는 남자 친구를 어떻게 잡았어요?

여 : 사실은 미팅에서 만나서 사귀게 됐어요.

남 : 그래요? 그런 자리가 있었으면 저도 불러 주셨어야죠.

여 : 다음에 기회가 있으면 꼭 말씀 드릴게요.

［日本語訳］

男：こんなに素敵な彼氏をどうやって捕まえましたか?

女：実は合コンで会って付き合うことになりました。

男：そうですか? そんな席があったのなら私も呼んでくれないと。

女：次に機会があればぜひお伝えします。

① 女性は男性に恋人を紹介してもらった。

→ 여자는 남자한테 애인을 소개받았다.

② 二人は一緒に合コンに参加した。

→ 둘은 함께 미팅에 참가했다.

③ 二人は付き合うことになった。

→ 둘은 사귀게 됐다.

❹ 男性は合コンに参加したいと思っている。

→ 남자는 미팅에 참가하고 싶어 한다.

学習Ⓟ -게 되다는「～するようになる」の意味。

42

解　答

5 内容一致問題（選択肢はハングルで活字表示）　　　〈各2点〉

1)　　이번 역은 이 열차의 마지막 역인 홍대입구, 홍대입구역입니
　　　다. 내리실 문은 왼쪽입니다. 인천 국제공항으로 가시는 분은 공
　　　항 철도로 갈아타시기 바랍니다. 내리실 때에는 차 안에 두고 내
　　　리는 물건이 없는지 다시 한 번 살펴보시기 바랍니다.

［日本語訳］

　今度の駅はこの電車の最後の駅のホンデ（弘大）入口、ホンデ入口駅です。お降りになるドアは左側です。インチョン（仁川）国際空港に行かれる方は空港鉄道にお乗り換えください。降りられるときは、電車の中に置き忘れがないか、もう一度お確かめください。

① 열차가 공항에 도착했다.
→ 列車が空港に到着した。
② 열차 안에서 물건을 파는 사람이 많다.
→ 列車の中で物を売る人が多い。
❸ 이번 역에서는 왼쪽 문이 열릴 것이다.
→ 今度の駅では左側のドアが開くだろう。
④ 열차는 서울 역까지 간다.
→ 列車はソウル駅まで行く。

学習Ⓟ －는지は「～するか、～するかどうか、～するのか」の意味。

2)　　나는 언제나 봄방학이 되면 시골 할아버지 댁에 놀러 갑니다.
　　　할아버지께서는 혼자 살고 계십니다. 할아버지께서는 날마다 아
　　　침 일찍 산책을 하십니다. 그래서 시골에 놀러 가면 저도 할아버

解　答

지와 함께 산책을 합니다.

[日本語訳]

　私はいつも春休みになると田舎の祖父の家に遊びに行きます。祖父は一人で暮らしています。祖父は毎日朝早く散歩をしています。だから田舎に遊びに行くと、私も祖父と一緒に散歩をします。

　① 할아버지는 할머니와 함께 살고 계신다.

　　→ 祖父は祖母と一緒に住んでいる。

　❷ 할아버지는 매일 산책을 하신다.

　　→ 祖父は毎日散歩をする。

　③ 나는 여름마다 할아버지를 뵈러 간다.

　　→ 私は夏ごとに祖父に会いに行く。

　④ 나는 시골에 가면 할아버지와 함께 온천에 간다.

　　→ 私は田舎に行くと祖父と一緒に温泉へ行く。

学習P　날마다는「毎日」の意味。

3）　남 : 남자 친구를 사귄다면 얼굴과 성격, 어느 쪽이 더 중요한
　　　　것 같아요?

　　여 : 둘 다 중요하지만 성격이 더 중요하다고 생각해요.

　　남 : 경제력은 상관없어요?

　　여 : 어느 정도 능력은 무조건 있어야죠.

[日本語訳]

男：彼氏と付き合うなら顔と性格、どちらがより重要だと思いますか?
女：どちらも重要ですが、性格がより重要だと思います。

解　答

男：経済力は関係ないですか？

女：ある程度の能力は絶対に【直訳：無条件】必要です。

   ① 여자는 잘생긴 것이 가장 중요하다고 생각한다.

      → 女性はかっこいいことが一番大事だと考えている。

   ② 남자는 여자한테 보험 상품을 팔려고 한다.

      → 男性は女性に保険商品を売ろうとしている。

   ③ 여자는 애인에게 경제력을 바라지 않는다.

      → 女性は恋人に経済力を望まない。

   ❹ 남자는 여자가 어떤 사람을 좋아하는지 궁금하다.

      → 男性は、女性がどんな人が好きか知りたがっている。

学習Ⓟ　-(으)ㄴ 것 같다는「〜(である)ようだ」という意味の慣用表現。

4）　남：한류 콘서트 표는 예매했어요？

   여：며칠 전에 사려고 했는데 벌써 다 팔려서 못 샀어요.

   남：제가 친구한테서 좋은 자리로 2장 얻었는데 같이 갈래요？

   여：정말요？ 제가 가도 되는 거예요？

［日本語訳］

男：韓流コンサートのチケットは予め買いましたか？

女：数日前に買おうとしましたが、すでに売り切れて買えませんでした。

男：私が友達からいい席を2枚もらったので、一緒に行きますか？

女：本当に？　私が行ってもいいんですか？

   ① 여자는 벌써 표를 두 장 샀다.

      → 女性はすでにチケットを2枚買った。

解　答

② 남자는 줄을 서서 어렵게 표를 샀다.

   →　男性は列に並んでなんとかチケットを買った。

③ 두 사람은 같이 표를 사러 가기로 했다.

   →　二人は一緒にチケットを買いに行くことにした。

❹ 남자는 친구에게서 표를 받았다.

   →　男性は友達からチケットをもらった。

学習Ｐ　예매〈予(豫)買〉は「前もって買うこと、前売り」の意味。

解　答　（＊白ヌキ数字が正答番号）

┌─────────────────────┐
│   筆記 解答と解説   │
└─────────────────────┘
```

## 1 発音変化を問う問題　　　　　　　　〈各1点〉

1）이 근처에 정류장이 있나요?

　　→ この近くに停留所はありますか?

**❶** ［정뉴장］　② ［절류장］　③ ［정유장］　④ ［정뮤장］

[学習P] ㄹの鼻音化を問う問題。パッチムㅇに続く初声ㄹはㄴに鼻音化し、［정뉴장］と発音される。

2）어두워서 누구인지 못 알아봤어요.

　　→ 暗くて誰なのか分かりませんでした。

① ［모사라봐써요］　　**❷** ［모다라봐써요］

③ ［몯따라봐써요］　　④ ［몬나라봐써요］

[学習P] 単語間の連音化を問う問題。「不可能」を表す못の後に아、어、오で始まる単語が続くとㅅがそのまま連音せず、ㅅパッチムなどの代表音［ㄷ］が連音するので［모다라봐써요］と発音される。

3）새로 생긴 빵집에 가 보셨어요?

　　→ 新しくできたパン屋に行ってご覧になりましたか?

**❶** ［빵찝］　② ［빵칩］　③ ［빠집］　④ ［빠찝］

[学習P] 合成語における濃音化を問う問題。빵집「パン屋」は빵と집の合成語で、집の初声ㅈが濃音化して［빵찝］と発音される。
```

解　答

2 空欄補充問題（語彙問題）　　　　　　　　　　　　　　〈各１点〉

1）내 어릴 때 꿈은 아버지처럼 훌륭한 (경찰관)이 되는 것이었다.
　　→ 私の幼い時の夢は、父のように立派な(警察官)になることだった。

　　❶ 경찰관 → 〈警察官〉警察官　　② 가치관 → 〈価値観〉価値観

　　③ 식탁　　→ 〈食卓〉食卓　　　　④ 공장　　→ 〈工場〉工場

学習P 漢字語の名詞を選ぶ問題。되는 것は「なること」なので、選択肢の中でなれるものは「警察官」で경찰관。

2）나는 아침에 일어나면 수염부터 (깎는다).
　　→ 私は朝起きたら髭(ひげ)から(剃(そ)る)。

　　① 흘린다　　→ 流す　　　　② 앞선다 → 先に立つ

　　③ 잊혀진다 → 忘れられる　❹ 깎는다 → 剃る

学習P 動詞を選ぶ問題。수염을 깎다で「髭を剃る」。

3）(도대체) 무슨 말을 하는지 이해가 안 간다.
　　→ (一体全体)何の話をしているのか理解ができない。

　　① 비록　　　→ たとえ　　　❷ 도대체 → 一体全体

　　③ 제대로 → まともに　　　④ 꽤　　　→ かなり

学習P 副詞を選ぶ問題。選択肢①、③、④の例文は次のとおり。①비록 혼자라도 갈게요「たとえ一人でも行きます」、③제대로 한 게 없어요「まともにやったものがありません」、④시간이 꽤 걸렸다「時間がかなりかかった」。

4）A：교회가 어디 있는지 아세요?
　　B：저, (사거리)를 지나서 오른쪽으로 가면 있어요.

解　答

→　A：教会がどこにあるかご存知ですか?
　　B：えっと、(交差点)を過ぎて右の方へ行くとあります。

① 목걸이 → ネックレス　　② 뿌리　→ 根

❸ 사거리 → 交差点　　　　④ 글쓰기 → 文章を書くこと

学習Ⓟ 名詞を選ぶ問題。사거리는 사「四つ」の거리「通り」という意味で「交差点」。

5）A：시간 아직 괜찮아요?
　　B：(서둘러요.) 출발 시간까지 5분밖에 안 남았어요.
→　A：時間はまだ大丈夫ですか?
　　B：急いでください。出発時間まで5分しか残っていません。

① 제공해요.　→ 提供してください。

② 태워요.　　→ 燃やしてください。

③ 선전해요.　→ 宣伝してください。

❹ 서둘러요.　→ 急いでください。

学習Ⓟ 動詞を選ぶ問題。서두르다「急ぐ」は르変則活用の用言。ヘヨ体では서둘러요
となる。

6）A：그 친구 잘생겼는데 왜 애인이 없어요?
　　B：(눈이 높아서) 그래요.
　　A：그러면 모델이나 여배우를 만나야겠네요.
→　A：彼カッコいいのになんで恋人がいないのかしら?
　　B：(理想が高くて)そうなんですよ。
　　A：それではモデルや女優さんと付き合わなければなりませんね。

❶ 눈이 높아서　　→ 理想が高くて

② 생각이 짧아서 → 分別がなくて

解 答

③ 정신이 없어서 → 気が気でなくて

④ 열이 나서　　→ 熱が出て

学習Ｐ 慣用句を選ぶ問題。그 친구の直訳は「その友達」だが、ここでは話題に出た「彼」。選択肢の意味はそれぞれ次のとおり。①눈이 높다「理想が高い」、「お目が高い」。②생각이 짧다「分別がない」、「考えが甘い」。③정신이 없다「気が気でない」。④열이 나다「熱が出る」、「熱を上げる」。

③ 空欄補充問題（文法問題）　　　　　　　　〈各1点〉

1) 이것(으로써)　내가 할 일은 다 끝났다.

　　→ これ(で)私がする仕事は全部終わった。

　　① 으로서 → として　　　② 이란　　→ とは

　　❸ 으로써 → で　　　　　④ 이야말로 → こそが

学習Ｐ 助詞を選ぶ問題。選択肢①と③が取り違えやすいが、①の로서／으로서は資格を表す「～として」、③の로써／으로써は로서／으로서の強調形で、手段、方法や時間的な限界、基準などを表す「～で」。①친구로서 만났어요「友達として会いました」、③이상으로써 오늘 회의를 마치겠습니다「以上で今日の会議を終わります」。

2) 경기가 (시작되자마자)　다리를 다쳐 버렸다.

　　→ 試合が(始まるやいなや)足を怪我してしまった。

　　❶ 시작되자마자 → 始まるやいなや

　　② 시작되도록　 → 始まるように

　　③ 시작되느냐고 → 始まるのかと

　　④ 시작되거나　 → 始まったり

解　答

學習Ｐ　語尾を選ぶ問題。選択肢②、③、④の語尾を用いた例文は次のとおり。②合格
するように一生懸命勉強した「合格するように一生懸命勉強した」、③수업이 재
미있느냐고 하셨어요「授業が面白いかとおっしゃった」、④음악을 듣거나
공부를 해요「音楽を聴いたり勉強をします」。

3) 그는 공부를 많이 (해서 그런지) 정말로 아는 것이 많다.

　　→ 彼は勉強をたくさん（したからなのか）本当にたくさんのことを知っている。

　　① 할 테니까　　→ するから
　　② 하는 김에　　→ するついでに
　　❸ 해서 그런지 → したからなのか
　　④ 한 지　　　　→ してから

學習Ｐ　慣用表現を選ぶ問題。選択肢①、②、④の表現を用いた例文は次のとおり。①
제가 갈 테니까 걱정 마세요「私が行くから心配しないでください」、②여
행을 가는 김에 피부관리를 받고 싶다「旅行に行くついでにエステを受け
たい」、④한국말을 배운 지 3년이 지났다「韓国語を習ってから3年が経
った」。

4) Ａ : 1번을 고르세요.

　　Ｂ : 네? 몇 번을 (고르라고요?) 한 번 더 말씀해 주시겠어요?

　　→Ａ : 1番を選んでください。
　　　Ｂ : え? 何番を(選べですって?)　もう一度おっしゃっていただけますか?

　　❶ 고르라고요? → 選べですって?
　　② 고르냐고요? → 選ぶかですって?
　　③ 고른다고요? → 選ぶですって?
　　④ 고르자고요? → 選ぼうですって?

學習Ｐ　語尾を選ぶ問題。正答①-라고요?は「～ですって?」という意味で、命令さ
れた内容について反問する時に使う。

解 答

5）A : 미영 씨, 술 좀 하세요?

B : 저요? 세지는 않지만 (즐기는 편이에요.)

→ A : ミヨンさん、お酒を飲まれますか?

B : 私ですか? 強くはないけど(楽しむ方です。)

① 즐기는가 봐요.　　→ 楽しむようです。

② 즐기기가 어려워요. → 楽しむことは難しいです。

③ 즐기는 모양이에요. → 楽しむようです。

❹ 즐기는 편이에요.　　→ 楽しむ方です。

学習P 慣用表現を選ぶ問題。誤答①と③は第三者の様子に対しての推測の表現。

4 下線部と置き換えが可能なものを選ぶ問題　〈各2点〉

1）값이 나가는 시계를 선물로 받았다.

→ 高い時計をプレゼントにもらった。

① 진짜 싼　　　　→ 本当に安い

❷ 아주 비싼　　　→ とても高い

③ 너무 멋있는　　→ とてもかっこいい

④ 별로 비싸지 않은 → 特に高くない

学習P 慣用句を言い換える問題。값이 나가다は「値段が高い、高価だ」という意味。

2）그렇게 중학생 때 내 짝사랑은 막을 내렸다.

→ そのように中学生の時の私の片思いは幕を下ろした。

① 시작했다 → 始まった

解 答

❷ 끝났다　　→　終わった

③ 견뎠다　　→　耐えた

④ 고생했다　→　苦労した

学習P　慣用句を言い換える問題。막을 내리다は「幕を下ろす、終わる」という意味。

3）A：일은 다 끝났어요?

　　B：네. 어제 <u>밤새워서</u> 겨우 끝냈어요.

　→　A：仕事は全部終わりましたか?
　　　B：はい。昨日<u>徹夜して</u>やっと終えました。

① 12시 경에는　→　12時くらいには

❷ 잠을 안 자고　→　寝ないで

③ 밤에는 자고　→　夜には寝て

④ 밤늦게　　　　→　夜遅く

学習P　慣用句を言い換える問題。밤새우다は밤을 새우다が縮んだ形で「徹夜する」という意味。

4）A：하시던 일, <u>그만두게</u> 되셨다고 들었어요.

　　B：네. 손님이 적어서 그렇게 됐어요.

　→　A：なさっていたお仕事、<u>やめられることに</u>なったと聞きました。
　　　B：はい。お客さんが少なくて、そうなりました。

① 선을 넘게　　→　一線を越えるように

② 입을 모으게　→　口を揃えるように

❸ 손을 떼게　　→　やめるように

④ 정신이 빠지게　→　間が抜けるように

学習P　慣用句で言い換える問題。손을 떼다は「手を引く」という意味。

解 答

5 2つの文に共通して入るものを選ぶ問題 〈各1点〉

1) ・마당에 (풀)들이 많이 자랐다.

　　→ 庭に(草)がたくさん育った。

　・(풀)로 포스터를 붙이세요.

　　→ (のり)でポスターを貼ってください。

　　① 꽃　　　→ 花　　　　② 나무 → 木
　　③ 테이프 → テープ　　❹ 풀　　　→ 草 ; のり

　学習Ｐ 名詞を選ぶ問題。2つの文に共通して入ることができるのは④풀だけ。

2) ・길이 (복잡해서) 좀 늦을 것 같습니다.

　　→ 道が(混んでいて)ちょっと遅れそうです。

　・머리가 (복잡해서) 좀 쉬고 싶어요.

　　→ 頭が(混乱して)ちょっと休みたいです。

　　① 아파서 → 痛くて　　② 막혀서　　→ 詰まって
　　③ 멀어서 → 遠くて　　❹ 복잡해서 → 混んでて ; 混乱して

　学習Ｐ 用言を選ぶ問題。最初の文には막혀서／복잡해서が、2番目の文には아파서／복잡해서が入り得る。2つの文に共通して入ることができるのは④복잡해서だけ。

3) ・나는 책임 (지기) 싫으니까 안 할래요.

　　→ 私は責任(取るのが)いやだからやりません。

　・꽃이 다 (지기) 전에 구경하러 가요.

　　→ 花が全部(散る)前に見物に行きましょう。

解　答

❶ 지기 → 背負う、受ける；散る　② 피기 → 咲く

③ 맡기 → 引き受ける、預かる　④ 보기 → 見る

学習Ⓟ 用言を選ぶ問題。最初の文には지기／맡기が、2番目の文には 지기／피기 が入り得る。2つの文に共通して入ることができるのは①지기だけ。

6　空欄補充問題（対話問題）　　〈各2点〉

1) A：오래간만에 오셨네요. 일이 바쁘셨어요?

　　B：(가족들하고 제주도로 여행을 다녀왔어요.)

　　A：그래서 얼굴이 많이 타셨군요.

→ A：久しぶりに来られましたね。お仕事お忙しかったんですか?
　　B：(家族とチェジュ(済州)島に旅行に行ってきました。)
　　A：それでお顔がずいぶん日焼けされたんですね。

① 아뇨. 시간은 많았는데 돈이 없어서요.

　→ いいえ。時間はたくさんあったのですがお金がなくて。

② 계속 집에서 쉬었어요.

　→ ずっと家で休んでいました。

❸ 가족들하고 제주도로 여행을 다녀왔어요.

　→ 家族とチェジュ島に旅行に行ってきました。

④ 아파서 입원했었거든요.

　→ 具合が悪くて入院してたんですよ。

学習Ⓟ 얼굴이 타다は「顔が焼ける」という意味。

2) A：주문 도와드리겠습니다.

　　B：(아까 막걸리 시켰는데 왜 아직 안 나와요?)

解 答

A : 대단히 죄송합니다. 지금 바로 확인해 보겠습니다.

→ A : ご注文お伺いします。
　 B : (さっきマッコリ頼んだのですが、なぜまだ来ないんですか?)
　 A : 大変申し訳ございません。今すぐ確認してみます。

① 곰탕 하나 주세요.

　→ コムタン一つください。

② 친구가 벌써 카드로 계산했대요.

　→ 友達がもうカードで支払ったそうです。

③ 여기 핸드폰 충전 되나요?

　→ ここで携帯電話の充電はできますか?

❹ 아까 막걸리 시켰는데 왜 아직 안 나와요?

　→ さっきマッコリ頼んだのですが、なぜまだ来ないんですか?

学習Ⓟ 最初のＡの発言は「ご注文お手伝いいたします」が直訳。

3) A : 요즘 일본 대학생들 사이에서 뭐가 유행하고 있어요?

　 B : (제 일본 친구들은 한국 소주를 자주 마셔요.)

　 A : 그래요? 일본 술도 맛있는 거 많잖아요.

→ A : 最近日本の大学生たちの間で何が流行しているんですか?
　 B : (私の日本の友人たちは韓国の焼酎をよく飲みます。)
　 A : そうですか? 日本の酒も美味しいものがたくさんあるじゃないですか。

① 한국 화장품을 쓰는 친구들이 많아졌어요.

　→ 韓国の化粧品を使う友達が増えました。

② 새로 시작한 한국 드라마가 인기가 있어요.

　→ 新しく始まった韓国ドラマが人気です。

❸ 제 일본 친구들은 한국 소주를 자주 마셔요.

　→ 私の日本の友人たちは韓国の焼酎をよく飲みます。

解 答

④ 한국의 옷을 인터넷으로 사는 애들이 많아요.

　　→ 韓国の服をインターネットで買う子たちが多いです。

学習Ⓟ 소주는「焼酎」、술은「酒」の意味。

4) A : 언제 귀국하신다고 했죠?

　　B : (실은 지금 다니는 학교에서 직원으로 일하게 됐어요.)

　　A : 와, 취직 축하드려요! 정말 잘됐네요.

　→ A : いつ帰国されると言いましたっけ？
　　 B : (実は今通っている学校で職員として働くことになりました。)
　　 A : わぁ、就職おめでとうございます！ 本当に良かったですね。

❶ 실은 지금 다니는 학교에서 직원으로 일하게 됐어요.

　　→ 実は今通っている学校で職員として働くことになりました。

② 다음 주 토요일이니까 얼마 안 남았어요.

　　→ 来週の土曜日なのでもうすぐです。

③ 어제 밤 비행기로 돌아왔어요.

　　→ 昨日の夜の飛行機で帰ってきました。

④ 아직 못 정했어요. 지금 이것저것 알아보고 있어요.

　　→ まだ決められていません。今あれこれ調べています。

学習Ⓟ 対話文最後のＡの잘됐다は「よかった」という意味。

解 答

7 下線部の漢字と同じハングルで表記されるものを選ぶ問題 〈各1点〉

1) 自信　→ 자신
- ① 同時 → 동시
- ❷ 字幕 → 자막
- ③ 時間 → 시간
- ④ 二次 → 이차

学習Ⓟ 자と読む漢字：者、子、資など

2) 除外　→ 제외
- ① 教材 → 교재
- ② 財産 → 재산
- ③ 裁判 → 재판
- ❹ 提供 → 제공

学習Ⓟ 제と読む漢字：題、済、際など

3) 政治　→ 정치
- ① 専門 → 전문
- ② 店員 → 점원
- ❸ 感情 → 감정
- ④ 伝統 → 전통

学習Ⓟ 정と読む漢字：定、精、停など

8 読解問題 〈各2点〉

　오늘의 일기예보를 알려 드리겠습니다. 걱정되던 태풍이 큰 피해 없이 한반도에서 빠지고 오늘은 전국적으로 날씨가 개겠습니다. 최고 기온이 32도, 최저 기온이 24도, (공기가 맑고 먼지가 없는) 기분 좋은 날씨가 되겠습니다. 다만 오전 중에는 바람이 세게 불고 파도도 높겠습니다. 바다에 놀러 가시는 분은 사고가 나지 않게 특별히 조심해야 하겠습니다. 저녁부터는 날씨가 흐려지는 지역도 있겠지만 비는

解 答

내리지 않겠습니다. 그러니 아침에 집을 나가실 때 우산을 챙길 필요
는 없겠습니다. 그러면 좋은 하루 되십시오.

[日本語訳]

　今日の天気予報をお知らせいたします。心配された台風が大きな被
害をもたらすことなく朝鮮半島から抜けて、今日は全国的に晴れるで
しょう。最高気温が32度、最低気温が24度、(空気が澄んで埃<ruby>埃<rt>ほこり</rt></ruby>のない)気
持ちの良い天気になるでしょう。ただ午前中は風が強く吹き、波も高
いでしょう。海に遊びに行かれる方は事故が起きないように特に気を
つけてください。夕方からは曇りの地域もありますが、雨は降らない
でしょう。それなので朝、家を出られるとき傘をお持ちになる必要は
ありません。それでは良い一日をお過ごしください。

【問1】　空欄補充問題

❶ 공기가 맑고 먼지가 없는
　　→ 空気が澄んで埃のない
② 먼지가 많고 숨이 막히는
　　→ 埃が多く息苦しい
③ 날씨가 춥고 눈이 오는
　　→ 天気が寒く雪の降る
④ 태풍이 다가오면서 비가 내리는
　　→ 台風が近づきながら雨の降る

学習Ⓟ　날씨가 개겠습니다「晴れるでしょう」と言っているので④は誤答。최고 기
온이 32도, 최저 기온이 24도「最高気温が32度、最低気温が24度」と言って
いるので③も誤答。기분 좋은 날씨「気持ちの良い天気」なので②も誤答。①
が正答となる。

59

解　答

【問2】　本文の内容から分かるものを選ぶ問題

① 전국적으로 태풍 때문에 피해가 많았다.
→ 全国的に台風のせいで被害が多かった。

② 오늘 최저 기온은 20도 이하로 내려 갈것이다.
→ 今日の最低気温は20度以下に下がるだろう。

❸ 오늘은 바다에서 노는 것은 위험할 수 있다.
→ 今日海で遊ぶことは危険かもしれない。

④ 오늘은 비옷을 가지고 나가는 것이 좋겠다.
→ 今日は雨がっぱを持って出かけたほうが良い。

学習Ｐ 위험할 수 있다는「危険かもしれない」という意味。

9 読解問題　〈各2点〉

팀장 : 성근 씨, 얼굴 표정이 왜 그래요?

성근 : 아, 팀장님, 실은 저, 이번 달에 회사를 그만두려고 해요.

팀장 : 갑자기 왜요? 무슨 일이 있었나요?

성근 : 회사에 불만이 있는 것은 아닌데 하고 싶은 일이 따로 생겼어요.

팀장 : 하고 싶은 일이요? 다른 회사로 옮기려고요?

성근 : 아니에요. (대학원에 가서 좀 더 공부를 할 생각입니다.)

팀장 : 그래요? 갑자기 다시 공부를 시작하겠다니 놀랍기도 하고, 회사를 떠난다니 섭섭하기도 하네요.

성근 : 죄송합니다. 저도 아쉽기는 하지만 열심히 해 보려고 합니다.

解　答

[日本語訳]

チーム長：ソングンさん、どうしてそんな顔してるんですか?

ソングン：あ、チーム長、実は私、今月会社を辞めようと思っているん
　　　　　です。

チーム長：急にどうしたんですか?　何かあったんですか?

ソングン：会社に不満があるのではないのですが、やりたいことが他に
　　　　　できたんです。

チーム長：やりたいことですか?　他の会社に移ろうと思ってるんですか?

ソングン：違います。(大学院に行ってもうちょっと勉強するつもりです。)

チーム長：そうなんですか。急にまた勉強を始めるだなんて驚きでもあ
　　　　　るし、会社を辞めるとなると寂しくもありますしね。

ソングン：申し訳ございません。私も心残りなのですが、一生懸命やっ
　　　　　てみようと思います。

【問1】　空欄補充問題

① 제가 돈가스 집을 새로 시작하려고 해요.
　→ 私、トンカツ屋を新しく始めようと思います。

② 실은 재일 교포와 결혼해서 일본에 가기로 했어요.
　→ 実は在日コリアンと結婚して日本に行くことにしました。

③ 다음 달에 군대에 가게 됐거든요.
　→ 来月軍隊に行くことになったんですよ。

❹ 대학원에 가서 좀 더 공부를 할 생각입니다.
　→ 大学院に行ってもうちょっと勉強しようと思います。

学習P 括弧の次の応答文で、다시 공부를 시작하겠다니「また勉強を始めるだなん
て」と言っているので正答は④。

第59回 筆記 解答と解説

解　答

【問2】　内容の一致を問う問題

①　성근은 회사가 싫어서 일을 그만둔다.
　　→ ソングンは会社が嫌で仕事を辞める。

②　팀장은 성근이 다른 회사로 간다는 걸 알고 있었다.
　　→ チーム長はソングンが他の会社に行くことを知っていた。

③　성근은 다음 달에 팀장이 된다.
　　→ ソングンは来月チーム長になる。

❹　성근은 새로운 출발을 하기로 마음먹었다.
　　→ ソングンは新しい出発をすることを決心した。

学習P　마음먹었다는「決心した」の意味。

10　読解問題　　　　　　　　　　　　　　　　　　　〈各2点〉

　최근 한국에서 일식집을 찾는 손님들이 많다. 초밥은 오래전부터 인기가 많았지만 요즘에는 일본식 라면인 '라멘'집이 인기를 끌고 있다. 2000년대 후반에는 '돈코쓰 라멘'이 유행했지만 지금은 간장 맛이나 된장 맛, 소금 맛뿐만 아니라 마늘 기름이나 고추기름 맛 등 여러 종류의 '라멘'이 등장했다. 전국에 300개 이상 '라멘'집이 있는데 그중 100개가 서울 마포구에 집중되어 있다고 한다. (한편 한국 라면도 일본에서 인기가 많다.) 일본에 있는 어느 마트에서나 한국 봉지 라면을 쉽게 살 수 있고 많은 일본 사람들이 집에서 한국 라면을 끓여서 즐겨 먹고 있다.

解 答

［日本語訳］

　最近韓国で日本料理店を訪ねる客が多い。寿司は昔から人気が高かったが最近では日本式ラーメンである「ラーメン」屋が人気を集めている。2000年代後半には「豚骨ラーメン」が流行ったが、今は醤油味や味噌味、塩味のみならずニンニク油や唐辛子油味など色々な種類の「ラーメン」が登場した。全国に300箇所以上のラーメン屋があるが、その中の100箇所がソウルのマポ（麻浦）区に集中しているという。(一方で韓国のラーメンも日本で人気が高い。)日本にあるどのスーパーでも韓国の袋入りラーメンを手軽に買うことができ、多くの日本人が家で韓国のラーメンを作って好んで食べている。

【問1】　空欄補充問題

① 그러나 한국 라면은 일본에서 인기가 없다.
　　→ けれど韓国のラーメンは日本で人気がない。

❷ 한편 한국 라면도 일본에서 인기가 많다.
　　→ 一方で韓国のラーメンも日本で人気が高い。

③ 반면 초밥은 인기가 점점 없어지고 있다.
　　→ 反面、寿司は人気が次第になくなってきている。

④ 그런데 중국 사람들은 더 이상 라면을 안 먹는다.
　　→ ところで中国人はこれ以上ラーメンを食べない。

学習P 括弧の後で多くの日本人が韓国のラーメンを食べていると書いてあるので②が正答。

解　答

【問2】　内容の一致を問う問題

① 일본 음식을 즐기는 한국인은 많지 않다.
　　→ 日本の料理を楽しむ韓国人は多くない。

② 한국식 라면 집이 일본 여러 곳에 생기고 있다.
　　→ 韓国式ラーメン店が日本のあちこちに出来ている。

③ 한국 라면은 일본에서 사기 힘들다.
　　→ 韓国のラーメンは日本で買うことが難しい。

❹ '라멘'은 많은 한국인들에게 사랑받고 있다.
　　→ 「ラーメン」は多くの韓国人たちに愛されている。

学習Ⓟ 韓国で多くの日本式ラーメン屋が出来ているので④が正答。

11 翻訳問題（韓国・朝鮮語→日本語）　　〈各2点〉

1) 어제 본 영화가 무서워서 <u>울 뻔했어요.</u>
　　→ 昨日見た映画が怖くて<u>泣きそうになりました。</u>

① すごく泣きました。　　　→ 많이 울었어요.
❷ 泣きそうになりました。　→ 울 뻔했어요.
③ 全然泣けませんでした。　→ 전혀 울지 못했어요.
④ 泣いたこともありました。→ 운 적도 있었어요.

学習Ⓟ －(으)ㄹ 뻔하다★－(으)ㄹ번 하다는「〜するところだ、〜しそうだ」という
慣用表現。

解　答

2) 그다지 기대 안 했는데 맛은 <u>제법이었다.</u>

   → さほど期待しなかったが、味は<u>なかなかだった。</u>

  ❶ なかなかだった。　　→ 제법이었다.

  ② 思ったとおりだった。→ 예상한 대로였다.

  ③ 好みに合っていた。　→ 기호(上級語彙)에 맞았다.

  ④ 説明どおりだった。　→ 설명대로였다.

学習Ｐ　제법은「なかなか、かなり」という意味。기호(嗜好)「嗜好、好み」は上級語彙。

3) 내 친구는 <u>앞뒤가 안 맞는</u> 말을 자주 한다.

   → 私の友達は<u>つじつまが合わない</u>事をよく言う。

  ① つまらない　　　　→ 재미없는

  ② 理屈っぽい　　　　→ 말이 많은

  ③ 大げさな　　　　　→ 과장된

  ❹ つじつまが合わない → 앞뒤가 안 맞는

学習Ｐ　앞뒤가 안 맞다는「つじつまが合わない」という慣用句。

解 答

12 翻訳問題（日本語→韓国・朝鮮語）　　　　　〈各2点〉

1）今年のチームは、選手の息がぴったりだ。

　→ 올해 팀은 선수들의 손발이 잘 맞는다.

❶ 손발이 잘 맞는다.　→ 息がぴったりだ。

② 숨이 찬다.　　　　 → 息が苦しい。

③ 한숨을 쉰다.　　　 → ため息をつく。

④ 말도 못한다.　　　 → 言葉も出ない。

学習Ｐ 손발이 맞다で「息が合う」という慣用句。잘 맞는다は「ぴったりだ」という
表現。

2）毎日友達とふざけ合っていた高校時代が、つい最近のことのようだ。

　→ 매일 친구들이랑 장난(準2級語彙) 치던 고등학교 시절이 엊그제 같다.

❶ 엊그제 같다.　　　　　　 → つい最近のことのようだ。

② 최근 것 같다.　　　　　　 → 最近のもののようだ。

③ 어제오늘의 일이 아니다. → いつものことだ。

④ 때와 장소를 가린다.　　　 → 時と場所をわきまえる。。

学習Ｐ 엊그제 같다は「つい最近のことのようだ」という慣用句。

3）新しく来た秘書は、本当に気が利く。

　→ 새로 온 비서(準2級語彙)는 참으로 눈치가 빠르다.

① 거리가 멀다.　 → 距離が遠い、まだまだだ。

❷ 눈치가 빠르다. → 気が利く。

解　答

③ 어깨가 가볍다.　→ 肩が軽い。

④ 정신이 없다.　　→ 気が気でない。

学習P 눈치가 빠르다는「気が利く」という慣用句。비서(秘書)は準2級語彙。

３級聞きとり 正答と配点

●40点満点

問題	設問	マークシート番号	正答	配点
1	1)	1	①	2
	2)	2	③	2
2	1)	3	②	2
	2)	4	①	2
	3)	5	④	2
	4)	6	③	2
	5)	7	②	2
	6)	8	①	2
3	1)	9	①	2
	2)	10	④	2
	3)	11	②	2
	4)	12	③	2
4	1)	13	②	2
	2)	14	④	2
	3)	15	②	2
	4)	16	④	2
5	1)	17	③	2
	2)	18	②	2
	3)	19	④	2
	4)	20	④	2
合　計				40

３級筆記　正答と配点

●60点満点

問題	設問	マークシート番号	正答	配点
1	1)	1	①	1
	2)	2	②	1
	3)	3	①	1
2	1)	4	①	1
	2)	5	④	1
	3)	6	②	1
	4)	7	③	1
	5)	8	④	1
	6)	9	①	1
3	1)	10	③	1
	2)	11	①	1
	3)	12	③	1
	4)	13	①	1
	5)	14	④	1
4	1)	15	②	2
	2)	16	②	2
	3)	17	②	2
	4)	18	③	2
5	1)	19	④	1
	2)	20	④	1
	3)	21	①	1

問題	設問	マークシート番号	正答	配点
6	1)	22	③	2
	2)	23	④	2
	3)	24	③	2
	4)	25	①	2
7	1)	26	②	1
	2)	27	④	1
	3)	28	③	1
8	問1	29	①	2
	問2	30	③	2
9	問1	31	④	2
	問2	32	④	2
10	問1	33	②	2
	問2	34	④	2
11	1)	35	②	2
	2)	36	①	2
	3)	37	④	2
12	1)	38	①	2
	2)	39	①	2
	3)	40	②	2
合　計				60

3級

全15ページ
聞きとり　20問/30分
筆　　記　40問/60分

2023年 秋季 第60回
「ハングル」能力検定試験

【試験前の注意事項】
１）監督の指示があるまで、問題冊子を開いてはいけません。
２）聞きとり試験中に筆記試験の問題部分を見ることは不正行為となるので、充分ご注意ください。
３）この問題冊子は試験終了後に持ち帰ってください。
　　マークシートを教室外に持ち出した場合、試験は無効となります。
※ CD 3 などの番号はＣＤのトラックナンバーです。

【マークシート記入時の注意事項】
１）マークシートへの記入は「記入例」を参照し、ＨＢ以上の黒鉛筆またはシャープペンシルではっ
　　きりとマークしてください。ボールペンやサインペンは使用できません。
　　訂正する場合、消しゴムで丁寧に消してください。
２）氏名、受験地、受験地コード、受験番号、生まれ月日は、もれのないよう正しく記入し、マーク
　　してください。
３）マークシートにメモをしてはいけません。メモをする場合は、この問題冊子にしてください。
４）マークシートを汚したり、折り曲げたりしないでください。

※試験の解答速報は、11月12日の全級試験終了後(17時頃)、協会公式ＨＰにて公開します。
※試験結果や採点について、お電話でのお問い合わせにはお答えできません。
※この問題冊子の無断複写・ネット上への転載を禁じます。

◆次回 2024年 春季 第61回検定：6月2日（日）実施◆

問　題

聞きとり問題
聞きとり試験中に筆記問題を解かないでください。

🔊 04

1 選択肢を2回ずつ読みます。絵や表の内容に合うものを
①～④の中から1つ選んでください。
（マークシートの1番～2番を使いなさい）　〈2点×2問〉

🔊 05

1)

マークシート **1**

①_____　②_____
③_____　④_____

問　題

◀)) 06

2)

マークシート **2**

今学期の時間割

	月	火	水	木	金
1限目				英語	
2限目	韓国文学		国際関係論	法律	韓国語会話
3限目	英語	韓国語文法	体育	韓国語文法	情報処理
4限目	韓国語会話			英会話	

①_____　　②_____
③_____　　④_____

◀)) 07

2 短い文と選択肢を２回ずつ読みます。文の内容に合うもの
を①～④の中から１つ選んでください。
（マークシートの３番～８番を使いなさい）　〈２点×６問〉

◀)) 08

1)　_____　マークシート **3**

①_____　②_____　③_____　④_____

問 題

🔊 09

2) _____ マークシート **4**

　　　①_____　　②_____　　③_____　　④_____

🔊 10

3) _____ マークシート **5**

　　　①_____　　②_____　　③_____　　④_____

🔊 11

4) _____ マークシート **6**

　　　①_____　　②_____　　③_____　　④_____

🔊 12

5) _____ マークシート **7**

　　　①_____　　②_____　　③_____　　④_____

🔊 13

6) _____ マークシート **8**

　　　①_____　　②_____　　③_____　　④_____

問　題

◀》 14

3 短い文を2回読みます。引き続き選択肢も2回ずつ読みます。応答文として適切なものを①〜④の中から1つ選んでください。

（マークシートの9番〜12番を使いなさい）　〈2点×4問〉

◀》 15

1 ）_____　マークシート **9**

　　①_____　②_____
　　③_____　④_____

◀》 16

2 ）_____　マークシート **10**

　　①_____　②_____
　　③_____　④_____

◀》 17

3 ）_____　マークシート **11**

　　①_____　②_____
　　③_____　④_____

問　題

◀)) 18

4) --　マークシート12

① ----------------------------　② ----------------------------
③ ----------------------------　④ ----------------------------

◀)) 19

4 問題文を2回読みます。文の内容と一致するものを①～④
の中から1つ選んでください。

（マークシートの13番～16番を使いなさい）　　〈2点×4問〉

◀)) 20

1)　　　　　　　　　　　　　　　　　　　　　　　　　　　　マークシート13

----

① 台風の影響で飛行機がすべて欠航となった。

② 大型の台風が現在、接近中である。

③ 詳細は分かり次第、発表する予定である。

④ 7時のニュースで交通情報が報じられた。

◀)) **21**

2)

マークシート **14**

----

① 韓国内での電気自動車の販売数は伸び悩んでいる。
② 韓国では電気自動車の輸入が増加している。
③ 世界中で電気自動車への関心が高まっている。
④ 政府は税金に関する対策を計画している。

◀)) **22**

3)

マークシート **15**

남 : --
여 : --
남 : --
여 : --

① 去年はおばが男性の代わりにプレゼントを買った。
② 男性は忙しくてプレゼントを用意することができない。
③ 男性は母親の誕生日プレゼントをまだ決めていない。
④ 女性は男性をコンサートに誘っている。

問　題

◀》 23

4 ）

マークシート 16

남 : _____

여 : _____

남 : _____

여 : _____

① 男性と女性は同じ会社に勤めている。

② 男性が女性に仕事を紹介した。

③ 女性は海外出張に頻繁に出掛けている。

④ 女性は現在、通訳の仕事をしている。

問　題

 24

5 問題文を２回読みます。文の内容と一致するものを①～④の中から１つ選んでください。

（マークシートの17番～20番を使いなさい）　〈2点×4問〉

25

1）　　　　　　　　　　　　　　　　　　　　　　　　　マークシート **17**

----

① 행사가 조금 전에 끝났다고 한다.

② 행사에는 예약을 해야 갈 수 있다.

③ 행사는 공짜로 참석할 수 있다.

④ 서점에서 배우가 행사를 할 것이다.

問題

◀）26▶

2）

マークシート18

----

① 이 장소는 유명한 작품에 등장했다.
② 원래 관광객에게 인기가 많은 지역이다.
③ 이곳에서는 재작년부터 큰 축제가 열리고 있다.
④ 5년 전에 비해 음식점과 카페가 적어졌다.

◀）27▶

3）

マークシート19

남 : --
여 : --
남 : --
여 : --

① 남자는 여자에게 발음 지도를 부탁했다.
② 남자는 발음 규칙에 대해서 잘 모른다.
③ 여자는 소리를 듣고 단어를 쓰는 연습을 한다.
④ 여자는 회화 중심으로 한국어를 공부하고 있다.

問　題

◀))　28◀

4)

남 : _____

여 : _____

남 : _____

여 : _____

① 남자는 여자의 심부름으로 시장을 갈 것이다.

② 남자는 지금 당장은 필요한 물건이 없다.

③ 두 사람은 지금 휴지가 없어서 사용하지 못한다.

④ 여자는 휴지를 샀어야 하는데 잊어버렸다.

問　題

筆記問題　筆記試験中に聞きとり問題を解かないでください。

1 下線部を発音どおり表記したものを①〜④の中から１つ選びなさい。

（マークシートの１番〜３番を使いなさい）　　〈1点×3問〉

1) 미국 대통령이 다음 달에 한국을 방문한다고 합니다.　マークシート **1**

① [대톨령이] ② [대톤녕이] ③ [대통녕이] ④ [대통영이]

2) 불빛 아래로 벌레들이 날아왔다.　マークシート **2**

① [불삐사래로]　　　　　　② [불삐다래로]
③ [불삐차래로]　　　　　　④ [불삔나래로]

3) 이번 시험은 만점이 목표였지만 아쉽게도 하나 틀렸다.

마크시트 **3**

① [만쩌미]　② [만처미]　③ [망쩌미]　④ [망처미]

問 題

2 （　　　　）の中に入れるのに適切なものを①～④の中から
1つ選びなさい。

（マークシートの4番～9番を使いなさい）　〈1点×6問〉

1）추가 공연을 보기 위해서는 티켓 （ マークシート **4** ）가 필요하다.

① 명사　　　② 연주　　　③ 예매　　　④ 용기

2）삼계탕 맛이 좀 （ マークシート **5** ） 후추와 소금을 넣어서 먹었다.

① 시원해서　　② 싱거워서　　③ 답답해서　　④ 심해서

3）목이 빠지게 기다리던 방학이 （ マークシート **6** ） 시작됐다.

① 드디어　　② 문득　　③ 되게　　④ 도저히

4）A : 이렇게 깨끗한데 더 청소해야 하나요?
　　B : 잘 보면 여기저기 （ マークシート **7** ）가 쌓여 있다고요.

① 조카　　② 한마디　　③ 먼지　　④ 바위

問 題

5) A : 아까 내렸어야 하는데 지나쳐 버린 것 같아요.

B : 그럼 다음 역에서 내려서 버스로 (マークシート **8**)

① 갈아타요.   ② 실어요.   ③ 섞어요.   ④ 밟아요.

6) A : 요즘 정아 선배 얼굴이 잘 안 보이는 것 같아요.

B : (マークシート **9**) 연락해 보려고 했어요.

A : 그래요? 무슨 일이 있는 거 아니었으면 좋겠네요.

① 그러다 보니까   ② 그건 그렇지만
③ 그래도 그렇지   ④ 안 그래도

3 (   )の中に入れるのに適切なものを①～④の中から
1つ選びなさい。

(マークシートの10番～14番を使いなさい)   〈1点×5問〉

1) 아기가 날(マークシート**10**) 커 가는 모습을 보면 힘이 난다.

① 말고는   ② 마다   ③ 대로   ④ 에다

84

2) 내 선택에 대해 사람들이 뭐라고 (マークシート11) 신경 쓰지 않겠다.

① 하든지　　② 했다가　　③ 했으면　　④ 해야만

3) 나는 (マークシート12) 그 사람을 알게 되었다.

① 취미에 따르면　　　② 취미만 빼고
③ 취미를 비롯해　　　④ 취미를 통해서

4) A : 매일 도시락을 싸는 게 힘들지 않아요?
　　B : 네. 그래서 저는 전날에 반찬을 (マークシート13)

① 만들어 놓아요.　　　② 만드냐고 해요.
③ 만들 리가 없어요.　　④ 만들어서 그래요.

5) A : 여기에 있던 커피 못 봤어요?
　　B : 미안해요. 제가 (マークシート14)

① 마셔 버릴 뻔했는데요.　② 마셔 버렸는데요.
③ 마실 것 같았어요.　　　④ 마실 수밖에 없어요.

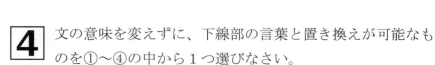

4 文の意味を変えずに、下線部の言葉と置き換えが可能なものを①〜④の中から 1 つ選びなさい。
（マークシートの15番〜18番を使いなさい）　〈2点×4問〉

1) 어머니는 <u>낮이나 밤이나</u> 군대 간 오빠 생각만 하신다. マークシート**15**

　　① 가끔씩　　② 여전히　　③ 얼마간　　④ 하루 종일

2) 내년쯤에 <u>집을 옮기려고</u> 알아보고 있다. マークシート**16**

　　① 지불하려고　② 이사하려고　③ 구경하려고　④ 공사하려고

3) A : 지난번 과제 잘 끝냈어요?
　　B : 좀 늦게 냈는데 선생님이 <u>눈감아 주셨어요</u>. マークシート**17**

　　① 한발 늦었어요　　　　② 화를 내셨어요
　　③ 봐주셨어요　　　　　④ 힘을 주셨어요

4) A : <u>발표하기 전에</u> 먼저 자기소개를 해도 될까요?
　　B : 네. 그럼 짧게 부탁드리겠습니다. マークシート**18**

　　① 발표하는 대신에　　　② 발표해 봐야
　　③ 발표한 이래로　　　　④ 발표를 하기에 앞서

5 　2つの（　　　　）の中に入れることができるものを①～④の中から1つ選びなさい。

（マークシートの19番～21番を使いなさい）　　〈1点×3問〉

1）・주인공을 맡은 배우가 (　　　　)를/을 잘해서 감동했습니다.
・자료에 문제가 발견돼서 오늘 회의는 (　　　　)가/이 되었습니다.

マークシート **19**

① 표현　　　② 연기　　　③ 중지　　　④ 취소

2）・어느새 해가 (　　　　) 하늘에 달이 떠 있었다.
・사장님이 이번 사건의 책임을 (　　　　) 회사를 떠났다.

マークシート **20**

① 뜨고　　　② 떨어지고　　　③ 느끼고　　　④ 지고

3）・좀 더 (　　　　) 있게 말하는 게 좋을 것 같아요.
・자기 (　　　　)의 경험을 얘기해 보세요.

マークシート **21**

① 자신　　　② 과거　　　③ 애인　　　④ 분위기

問 題

6 対話文を完成させるのに最も適切なものを①〜④の中から
1つ選びなさい。

（マークシートの22番〜25番を使いなさい）　　〈2点×4問〉

1) A : 오늘 마라톤 경기는 최 선수가 놀라웠어요.

　　B : (マークシート**22**)

　　A : 네. 끝까지 포기하지 않고 결국 메달까지 땄잖아요.

　　① 누가 이겼는지 가르쳐 줄래요?
　　② 중간에 넘어진 선수 말이죠?
　　③ 저는 너무 무서워서 보다 말았어요.
　　④ 중간에 포기는 했지만 멋있었습니다.

2) A : 오늘 출근할 때 길이 엄청 막혔어요.

　　B : (マークシート**23**)

　　A : 네. 더 추워진다고 하니까 한동안 안 녹을 것 같아요.

　　① 어제 내린 눈 때문에 길이 얼었죠?
　　② 오는 길에 교통 사고가 났어요?
　　③ 지하철로 오는 게 훨씬 빠르겠어요.
　　④ 출근할 때마다 길이 막혀서 고생하네요.

3) A : 공항까지 차비가 얼마 정도 드는지 아세요?

B : (マークシート**24**)

A : 아, 고마워요. 확인해 볼게요.

① 저는 영수증은 다 쓰레기통에 버렸는데요?

② 여기에 출발지별로 요금이 나와 있어요.

③ 혹시 출장이라도 가시게 된 거예요?

④ 비용은 우리가 부담할 테니까 걱정 마세요.

4) A : 배고파 죽겠어요. 뭐 먹을 거 없어요?

B : (マークシート**25**)

A : 잘됐다. 그거 깎아서 먹어야겠어요.

① 시장하시면 여기 배라도 드세요.

② 지금 바로 먹을 수 있는 게 아무것도 없어요.

③ 양파랑 돼지고기가 있는데 볶아서 먹을래요?

④ 어제 구운 쿠키가 있긴 하지만 단 거 싫어하시죠?

問　題

7 下線部の漢字と同じハングルで表記されるものを①〜④の中から1つ選びなさい。

（マークシートの26番〜28番を使いなさい）　〈1点×3問〉

1）選<u>挙</u>

マークシート **26**

① 専<u>攻</u>　　② 温<u>泉</u>　　③ <u>宣</u>伝　　④ <u>戦</u>争

2）<u>階</u>段

マークシート **27**

① <u>解</u>決　　② <u>海</u>外　　③ <u>会</u>員　　④ 世<u>界</u>

3）季<u>節</u>

マークシート **28**

① 直<u>接</u>　　② 親<u>切</u>　　③ 率<u>直</u>　　④ <u>積</u>極的

8 文章を読んで【問1】～【問2】に答えなさい。
（マークシートの29番～30番を使いなさい）　〈2点×2問〉

　제가 처음 취직했을 때에 비해 사람들 사이에서 일과 생활을 바라보는 눈빛이 바뀌어 가고 있다고 느낍니다. 시대의 흐름에 따라 사람들의 가치관에 변화가 생긴 것은 국내외의 경제적인 상황과도 어느 정도 상관이 있는 듯합니다. 옛날에는 (マークシート**29**)을 훌륭하다고 생각하고, 그것과는 반대로 휴식을 원하는 사람은 환영받지 못하고 비판받는 경향이 있었지요. 하지만 건강해야 일도 더 잘할 수 있을 것입니다. 저는 생활의 질을 높이는 것을 소중하게 생각하는 사람들이 많아진 게 반가울 뿐입니다.

【問1】　(マークシート**29**)に入れるのに**適切ではないもの**を①～④の中から1つ選びなさい。　　マークシート**29**

　① 일을 더 많이 하려고 하는 점원
　② 다른 사람들에 비해 덜 쉬는 사람
　③ 회사에 늦게까지 남아 있는 사원
　④ 퇴근 시간을 잘 지키는 직원

【問2】 筆者の考えと一致するものを①〜④の中から1つ選びなさい。

マークシート**30**

① 무엇보다 회사 업무는 첫번째로 고려되어야 한다.
② 시대가 바뀌어도 가치관은 결코 변하지 않는다.
③ 늦게 퇴근하는 사람은 훌륭한 사원이다.
④ 몸과 마음의 건강을 고려하며 살았으면 한다.

9 対話文を読んで【問1】〜【問2】に答えなさい。
(マークシートの31番〜32番を使いなさい) 〈2点×2問〉

현수 : 한국에 관해서 관심 있는 분야가 있나요?
유코 : 전에는 대중문화만 좋아했는데 최근에는 역사에도 관심을 가지게 됐어요. 특히 조선 시대요.
현수 : 그렇게 역사에 관심이 생긴 특별한 이유가 있어요?
유코 : 드라마를 보다가 어떤 부분이 사실인지 궁금해졌거든요.
현수 : 아, 드라마 많이 보신다고 했었죠?
유코 : 네, 근데 요즘은 역사 관련 책을 더 많이 읽고 있어요.
현수 : (마크시트**31**) 저는 그런 책만 보면 바로 졸 것 같은데요.
유코 : 아직은 한국어 수준이 그렇게 높지 않아서 일본어로 번역된 책만 읽거든요. 열심히 공부해서 언젠가는 전문서를 한국어로 읽을 수 있게 돼야죠.

【問1】　(マークシート31)に入れるのに適切なものを①〜④の中から1つ
　　　　　選びなさい。
　　　　　　　　　　　　　　　　　　　　　　　　　　　　マークシート31

　　　① 내용이 쉽지 않을 것 같은데 대단하네요.
　　　② 아무리 생각해도 정말로 아깝지요?
　　　③ 저도 읽어 보게 한 권 빌려 주실래요?
　　　④ 기본적인 지식만 있어도 안 되지요.

【問2】　対話文の内容と一致するものを①〜④の中から1つ選び
　　　　　なさい。
　　　　　　　　　　　　　　　　　　　　　　　　　　　　マークシート32

　　　① 유코는 한국어로 된 역사책은 읽기 어려워 한다.
　　　② 유코는 대중문화에 대한 관심이 사라졌다.
　　　③ 현수는 책을 읽으면 금방 잠이 든다고 했다.
　　　④ 현수는 유코만큼 역사책을 자주 읽는 편이다.

問 題

10 文章を読んで【問1】～【問2】に答えなさい。
（マークシートの33番～34番を使いなさい）　〈2点×2問〉

　회사 동료의 추천으로 한국 전통 무용 공연을 보러 갔다. 광고를 보고 알고 있긴 했지만 가격 때문에 쉽게 마음을 먹지 못한 공연이었다. 막이 오른 순간부터 （ マークシート33 ） 무대 위에서 춤을 추는 사람들은 마치 날개를 단 듯이 움직임이 가벼웠고 여러 색깔의 전통적인 옷도 아름다웠다. 거기에서 본 장면들이 머리 속에서 잊혀지지 않는다. 몹시 행복한 시간이었다. 현실이 아닌 꿈만 같았다. 이미 본 사람의 경우 두 번째부터 할인*이 된다고 한다. 다음에는 딸과 같이 보러 가야겠다.

　*) 할인 : 割引

【問1】　（ マークシート33 ）に入れるのに最も適切なものを①～④の中から1つ選びなさい。　　マークシート33

　① 딸을 찾기 시작했다.
　② 다른 공연이 보고 싶어졌다.
　③ 집에 빨리 가고 싶었다.
　④ 공연에 푹 빠져 들었다.

【問2】 本文がどのような文なのか適切に表しているものを①〜④の
中から1つ選びなさい。

マークシート34

① 어떤 인물의 인생에 대한 이야기다.
② 만족스러운 공연을 본 감상문이다.
③ 한 사건을 보도하기 위한 글이다.
④ 친한 동료에게 쓴 초대장이다.

11 下線部の日本語訳として適切なものを①〜④の中から１つ
選びなさい。

（マークシートの35番〜37番を使いなさい）　〈2点×3問〉

１）목적지에 도착하자마자 지갑을 잃어버렸다.

マークシート35

① 着いたはずなのに
② もうすぐ着くはずが
③ 着くやいなや
④ 着くまでの間に

2）할머니 댁까지 사촌 동생을 <u>데리고 가라고요?</u>　マークシート**36**

    ① 連れて行くのかですって？
    ② 連れて行けですって？
    ③ 連れて行くなですって？
    ④ 連れて行こうですって？

3）이번 주는 시험공부를 <u>할 틈이 없었다.</u>　マークシート**37**

    ① まんべんなく行った。
    ② 休む暇なく行った。
    ③ する暇がなかった。
    ④ する気力がなかった。

12 下線部の訳として適切なものを①〜④の中から１つ選びなさい。

（マークシートの38番〜40番を使いなさい）　〈2点×3問〉

1）先ほどお酒を飲んだので車を<u>運転することができません。</u>

マークシート**38**

    ① 운전할 수가 없어요.
    ② 운전할 줄 몰라요.

③ 운전할 수밖에 없어요.

④ 운전할지도 몰라요.

2) <u>お忙しいでしょうから</u>お返事はお時間のある時で構いません。

① 바쁘거나 말거나

② 바쁘실 테니까

③ 아무리 바빠도

④ 바쁠 뿐이라서

3) 最近は忙しすぎて<u>バタバタしている。</u>

① 마음을 놓는다.

② 때를 놓친다.

③ 시간을 번다.

④ 정신이 없다.

解　答　　(＊白ヌキ数字が正答番号)

聞きとり 解答と解説

1 絵や表の内容に合うものを選ぶ問題　　　　　〈各2点〉

1)

① 마당 청소를 하고 있습니다.　　　　　　→ 庭の掃除をしています。

② 냄비에 물을 붓고 있습니다.　　　　　　→ 鍋に水を注いでいます。

❸ 냉장고에서 양배추를 꺼내고 있습니다.　→ 冷蔵庫からキャベツを
　　　　　　　　　　　　　　　　　　　　　　取り出しています。

④ 국수를 끓이고 있습니다.　　　　　　　　→ そうめんを作っています。

学習P 人物が何をしているかを聞き取る問題。④끓이다は「(お湯などを)沸かす」
の他に、「(チゲ、うどん、ラーメンのようなスープを伴う料理を)作る」、「(コ
ーヒー、お茶など温かい飲み物を)入れる」などの意味を持ちます。

2)

今学期の時間割

	月	火	水	木	金
1限目				英語	
2限目	韓国文学		国際関係論	法律	韓国語会話
3限目	英語	韓国語文法	体育	韓国語文法	情報処理
4限目	韓国語会話			英会話	

解　答

❶ 수업이 있는 날은 평일뿐이다.

→ 授業がある日は平日だけだ。

② 일주일에 나흘 동안 수업이 있다.

→ 一週間に4日間授業がある。

③ 목요일에 비해서 화요일은 수업이 많다.

→ 木曜日に比べて火曜日は授業が多い。

④ 1교시는 다 비어 있다.

→ 1限目は全部空いている。

学習Ⓟ 時間割表の内容と一致する文を選ぶ問題。③-에 비해서「～に比べて」は他に-에 {비해/비하여}の形を取ることもある。

2 　文の内容に合うものを選ぶ問題　　　　　　　〈各2点〉

1) 아버지의 여자 형제를 부를 때 사용합니다.

→ 父の女性の兄弟を呼ぶ時に使用します。

① 장남 → 長男　　　② 장녀 → 長女

③ 조카 → 甥/姪　　❹ 고모 → おば

学習Ⓟ 人を表す名詞を選ぶ問題。父の兄(큰아버지)の妻は큰어머니、父の弟(작은아버지)の妻는작은어머니、母の姉妹는이모。

2) 재료를 사용하여 물건을 만드는 곳입니다.

→ 材料を使用して品物を作る場所です。

① 유원지 → 遊園地　　② 운동장 → 運動場

❸ 공장 → 工場　　④ 교회 → 教会

学習Ⓟ 「場所を表す名詞」を選ぶ問題。하여は해と縮約していない元の形。해서に比べて해, 하여, 하여서는文語的になる。

解　答

3）잠을 잘 때 이것으로 몸을 덮습니다.　→ 寝る時にこれで体を覆います。

　　① 비옷　→ レインコート　　　❷ 이불　→ 布団
　　③ 침대　→ ベッド　　　　　　④ 숙소　→ 宿

学習P　「物などを表す名詞」を選ぶ問題。

4）어떤 것을 감추어 보이지 않게 하는 것입니다.
　　　→ ある物を隠して見えなくすることです。

　　① 던지다　→ 投げる　　　　② 굽다　　→ 焼く
　　③ 흔들다　→ 振る、揺らす　❹ 숨기다　→ 隠す

学習P　「動詞」を選ぶ問題。正答④숨기다は他動詞の「隠す」。自動詞の숨다「隠れる」
　　　と合わせて覚えよう。

5）문을 열거나 잠글 때 필요한 것입니다.
　　　→ ドアを開けたり施錠する時に必要なものです。

　　❶ 열쇠　→ 鍵　　　　　　② 치약　→ 歯磨き粉
　　③ 지붕　→ 屋根　　　　　④ 명함　→ 名刺

学習P　「物などを表す名詞」を選ぶ問題。

6）남의 비밀을 쉽게 말하지 않는다는 뜻입니다.
　　　→ 他人の秘密を容易に言わないという意味です。

　　① 말도 못하다　→ 言い表せないほどすごい、大変だ
　　② 말을 막다　　→ 言葉をさえぎる
　　③ 입을 모으다　→ 口を揃える
　　❹ 입이 무겁다　→ 口が重い

100

解 答

学習P 「慣用句など」の表現を選ぶ問題。正答④の対義語「口が軽い」は입이 가볍다となる。-지 않는다는は「～しないという」は動詞と連結する形で、形容詞には-지 않는다が付く。

3 相手の発話を聞いて、それに対する応答文を選ぶ問題 〈各2点〉

1) 손님, 특별히 원하시는 스타일이 있으세요?

→ お客様、特にご希望のスタイルがおありですか?

① 요즘 초록색이 유행이라서 이 옷이 잘 팔립니다.

→ 最近緑色が流行なのでこの服がよく売れています。

❷ 머리를 좀 짧게 잘라 보고 싶은데 저한테 어울릴까요?

→ 髪を少し短く切ってみたいのですが、私に似合うでしょうか?

③ 이런 날씨에는 코트는 물론이고 장갑도 꼭 챙기셔야 합니다.

→ こんな天気にはコートはもちろん、手袋も必ず準備なさらなければなりません。

④ 치마가 약간 긴 것 같아서 좀 줄여 봤어요.

→ スカートが若干長いようなので、少し(丈を)詰めてみました。

学習P ③챙기다は「準備する」の意を持つが、同じく「準備する」と訳される준비하다と異なる点は、「忘れずに持って行く」という文脈で用いられることが多い点である。例えば、오늘은 비가 온다고 하니까 우산을 챙기고 나가세요(今日は雨が降るそうだから、傘を持って出かけてください。)のように用いる。

2) 부장님, 상민 씨가 새벽부터 열이 나서 오늘 출근 못 한답니다.

→ 部長、サンミンさんが明け方から熱が出て、今日出勤できないそうです。

① 오늘 새벽부터 저하고 같이 출근하기로 했습니다.

→ 今日の明け方から私と一緒に出勤することにしました。

解 答

❷ 회사 일은 신경 쓰지 말고 푹 쉬라고 전해 주세요.

→ 会社のことは気にしないで、ゆっくり休むように伝えてください。

③ 그러면 퇴근하자마자 병원에 가 봐야겠네요.

→ それでは退勤するなり、病院に行ってみなければなりませんね。

④ 치료를 받지 않았는데 자연스럽게 나았대요.

→ 治療を受けなかったけれど、自然に治ったそうです。

学習Ⓟ 새벽은「暁、未明、明け方」などと訳されるが、深夜・早朝の時間帯を指す。

3) 다음 주 연휴 때는 어떡하기로 하셨어요?

→ 来週の連休の時はどうすることになさったんですか?

❶ 아직 결정 못 했어요. 같이 어디 갈래요?

→ まだ決めることができずにいます。一緒にどこか行きますか?

② 큰어머니가 오라고 하셔서 고향에 다녀왔거든요.

→ おばが来いとおっしゃったので、故郷に行ってきたんですよ。

③ 어릴 적엔 일년 열두 달 캠핑을 하고 그랬어요.

→ 幼い時には1年中キャンプをしたものです。

④ 일기 예보에서는 맑을 거라고 했는데 비가 오네요.

→ 天気予報では晴れると言っていたけれど、雨が降っていますね。

学習Ⓟ 어떡하다[어떠카다]は어떻게 하다と同意。

4) 미리 알아보고 안내해 준 덕분에 너무 즐거웠어요. 고맙습니다.

→ 事前に調べて案内してくださったおかげで、とても楽しかったです。ありがとうございます。

① 이번에는 제가 도와드릴 수 없어서 아쉬웠습니다.

→ 今回は私がお手伝いすることができず残念でした。

解 答

❷ 아니에요. 저야말로 좋은 경험이 됐습니다.

→ いいえ。私こそ、いい経験になりました。

③ 고맙기는요. 저도 그날을 기대하고 있어요.

→ ありがたいだなんて。私もその日を期待しています。

④ 분위기가 많이 변해서 알아보지 못했어요.

→ 雰囲気がだいぶ変わって、誰だか分かりませんでした。

学習P 알아보다는 質問文では「調べる」、④は「見分ける」の意で用いられている。

---

[4] 内容一致問題(選択肢は日本語で活字表示)　　　〈各2点〉

1)　현재 대규모 태풍이 우리나라로 다가오고 있어 일부 대중교통
이 그 영향을 받고 있습니다. 국제선은 대부분 변경이나 취소가
될 모양입니다. 자세한 정보는 잠시 후 일곱 시 뉴스에서 전해
드리겠습니다.

[日本語訳]

　現在、大規模な台風がわが国に接近しており、一部で公共交通機関が
その影響を受けています。国際線は概ね変更か運航中止になる模様です。
詳しい情報は後ほど【直訳：しばしの後】7時のニュースでお伝えいたし
ます。

① 台風の影響で飛行機がすべて欠航となった。

→ 대풍 영향으로 비행기가 다 결항(上級語彙)되었다.

❷ 大型の台風が現在、接近中である。

→ 대규모 대풍이 현재 접근(準2級語彙)중이다.

解　答

③ 詳細は分かり次第、発表する予定である。

　→ 상세한 내용은 확인된 대로 발표할 예정이다.

④ 7時のニュースで交通情報が報じられた。

　→ 7시 뉴스에서 교통정보가 전해졌다.

学習P 대중교통〈大衆交通〉은 公共交通機関のこと。취소〈取消〉は個人的な約束の 取り消し・キャンセルの他、行事などの中止や運航中止などにも用いられる。

2)　요즘 전 세계에서 환경을 고려한 전기 자동차가 관심을 모으고 있습니다. 한국에서 수출된 자동차도 전기 자동차가 늘어나고 국내에서도 판매량이 늘었습니다. 정부가 발표한 세금을 줄여 주는 대책도 효과를 보인 것 같습니다.

[日本語訳]

　最近、世界中【直訳：全世界】で環境に考慮した電気自動車が関心を集めています。韓国から輸出された自動車も電気自動車が増え、国内でも販売量が増えました。政府が発表した、税金を軽減させる対策も効果を見せたようです。

① 韓国内での電気自動車の販売数は伸び悩んでいる。

　→ 한국 국내에서 전기 자동차 판매량이 제자리걸음(準2級語彙)을 하고 있다.

② 韓国では電気自動車の輸入が増加している。

　→ 한국에서 전기 자동차 수입이 증가(準2級語彙)하고 있다.

❸ 世界中で電気自動車への関心が高まっている。

　→ 전 세계에서 전기 자동차에 대한 관심이 높아지고 있다.

④ 政府は税金に関する対策を計画している。

　→ 정부는 세금에 대한 대책을 계획하고 있다.

学習P 수출「輸出」の対義語は수입「輸入」だが、同じく3級の名詞に同音異義語の 수입「収入」がある。

解 答

3）남 : 며칠 후에 어머니 생신인데 뭘 사 드릴까 고민 중이에요.

　여 : 작년에는 어떻게 하셨는데요?

　남 : 작년에는 이모가 같이 골라 주셨는데 올해는 바쁘신가 봐요.

　여 : 선물 대신 같이 식사하거나 콘서트를 보여 드리는 건 어때요?

[日本語訳]

男：数日後に母の誕生日ですが、何を買って差し上げるか悩み中です。

女：去年はどうなさったんですか?

男：去年はおばさんが一緒に選んでくださったんですが、今年はお忙しいみたいです。

女：プレゼントの代わりに一緒に食事したりコンサートにお連れする【直訳：見せて差し上げる】のはどうですか?

① 去年はおばが男性の代わりにプレゼントを買った。

　→ 작년에는 이모가 남자 대신 선물을 샀다.

② 男性は忙しくてプレゼントを用意することができない。

　→ 남자는 바빠서 선물을 준비할 수 없다.

❸ 男性は母親の誕生日プレゼントをまだ決めていない。

　→ 남자는 엄마 생일 선물을 아직 안 정했다.

④ 女性は男性をコンサートに誘っている。

　→ 여자는 남자에게 콘서트에 같이 가자고 했다.

学習P 「数日、何日」は몇 일「何＋日」ではなく며칠と表記するので要注意。

4）남 : 전에 다니던 직장을 그만두고 무역 회사로 갔다고 들었어요.

　여 : 네, 올해부터 통역 일을 맡아서 하고 있어요.

　남 : 그럼 일 때문에 해외에도 자주 가세요?

　여 : 저는 해외 출장은 아직 안 가 봤는데 앞으로 기회가 많을 것 같아요.

解　答

[日本語訳]

男：前に勤めていた職場を辞めて貿易会社に行ったと聞きました。

女：はい、今年から通訳の仕事を担当してやっています。

男：それでは仕事のために海外にもよく行かれるのですか？

女：私は海外出張はまだ行っていませんが、今後、機会が多いと思います。

① 男性と女性は同じ会社に勤めている。
→ 남자와 여자는 같은 회사에 다닌다.

② 男性が女性に仕事を紹介した。
→ 남자가 여자한테 직장을 소개했다.

③ 女性は海外出張に頻繁に出掛けている。
→ 여자는 해외 출장에 자주 간다.

❹ 女性は現在、通訳の仕事をしている。
→ 여자는 현재 통역 일을 하고 있다.

学習Ⓟ 出張「出張」は漢字語内の濃音化（ㄹパッチム＋ㄷ／ㅅ／ㅈ）が起こり、[출짱]
と発音される。

5　内容一致問題（選択肢はハングルで活字表示）　　　〈各2点〉

1 ）　　저희 백화점을 찾아 주신 손님들께 안내 말씀 드리겠습니다.
잠시 후 3층 서점 앞에서 김윤 작가님을 모시는 무료 행사가 있
겠습니다. 시간이 되시는 손님들께서는 3층으로 오셔서 행사에
참석해 주시기를 바랍니다.

[日本語訳]

　私どものデパートにお越しくださったお客様方にご案内申し上げます。

解　答

間もなく３階の書店前で作家のキム・ユンさんをお招きした無料のイベントがございます。お時間があるお客様方は３階にいらっしゃってイベントにご参加ください。

① 행사가 조금 전에 끝났다고 한다.
→ 行事が少し前に終わったそうだ。

② 행사에는 예약을 해야 갈 수 있다.
→ 行事には予約をしないと行くことができない。

❸ 행사는 공짜로 참석할 수 있다.
→ 行事は無料で参加できる。

④ 서점에서 배우가 행사를 할 것이다.
→ 書店で俳優が行事を行う。

学習Ｐ 音声の무료と正答③の공짜は同意語で「無料、ただ」という意味。

2） 이 지역은 5년 전까지만 해도 관광지가 별로 없었습니다. 그런데 유명한 영화에 나온 이후로 관광객들이 찾아오기 시작했습니다. 새로운 시설도 생기고 음식점이나 찻집도 꽤 늘었습니다. 게다가 축제까지 새로 계획되고 있습니다.

［日本語訳］

この地域は５年前までは観光地があまりありませんでした。ところが、有名な映画に出て以降、観光客が訪れ始めました。新しい施設もできて飲食店やカフェも随分増えました。さらに、お祭りまで新しく計画されています。

❶ 이 장소는 유명한 작품에 등장했다.
→ この場所は有名な作品に登場した。

② 원래 관광객에게 인기가 많은 지역이다.

解 答

→ 元々観光客に人気が高い地域だ。

③ 이곳에서는 재작년부터 큰 축제가 열리고 있다.

→ ここではおととしから大きなお祭りが開かれている。

④ 5년 전에 비해 음식점과 카페가 적어졌다.

→ 5年前に比べて飲食店とカフェが少なくなった。

学習Ⓟ −만 해도는 「〜だけでも」という意味。−까지만 해도で「(わずか、つい)〜前までは」という意味。

3） 남：한국어를 공부할 때 어떤 부분이 힘드세요?

여：발음할 때 규칙이 많아서 어려워요.

남：아, 단어를 들리는 대로 쓰면 안 되니까 어렵겠네요.

여：네, 그래서 저는 받아쓰기 연습을 많이 하는 편이에요.

［日本語訳］

男：韓国語を勉強する時、どんな部分が大変ですか？

女：発音する時の規則が多くて難しいです。

男：ああ、単語を聞こえるとおりに書いたら駄目なので難しいでしょうね。

女：はい、だから私は書き取りの練習をたくさんする方です。

① 남자는 여자에게 발음 지도를 부탁했다.

→ 男性は女性に発音の指導を頼んだ。

② 남자는 발음 규칙에 대해서 잘 모른다.

→ 男性は発音の規則についてよく知らない。

❸ 여자는 소리를 듣고 단어를 쓰는 연습을 한다.

→ 女性は音を聞いて単語を書く練習をしている。

④ 여자는 회화 중심으로 한국어를 공부하고 있다.

→ 女性は会話中心に韓国語を勉強している。

解　答

学習P 받아쓰기「書き取り、ディクテーション」は音声を聞いてその綴りを書く学習方法。

4）　남 : 이따가 편의점에 갔다 올 생각인데 가는 김에 뭐 사 올 거
　　　　있어요?
　　　여 : 어제 시장에 다녀왔으니까 특별히 필요한 건 없어요.
　　　남 : 그래요? 그럼 가서 휴지만 좀 사 올게요.
　　　여 : 맞다, 휴지가 얼마 안 남았는데 어제 그걸 깜빡했네요.

[日本語訳]

男：あとでコンビニに行ってくるつもりですが、行くついでに何か買っ
　　てくるものありますか?

女：昨日市場に行ってきたから特に必要な物はありません。

男：そうですか?　それでは行ってティッシュペーパーだけちょっと買っ
　　てきます。

女：そうだ、ティッシュペーパーがあまり残っていないのに、昨日それ
　　をうっかり忘れました。

① 남자는 여자의 심부름으로 시장을 갈 것이다.

　　→ 男性は女性のお使いで市場に行くだろう。

② 남자는 지금 당장은 필요한 물건이 없다.

　　→ 男性は今すぐ必要な物はない。

③ 두 사람은 지금 휴지가 없어서 사용하지 못한다.

　　→ 2人は今、ティッシュペーパーがなくて使うことができない。

❹ 여자는 휴지를 샀어야 하는데 잊어버렸다.

　　→ 女性はティッシュペーパーを買わなければならなかったが、忘れてしまった。

学習P -는 김에で「~(する)ついでに」という意味の慣用表現になる。

解　答　　（＊白ヌキ数字が正答番号）

筆記 解答と解説

1 発音変化を問う問題　　　　　　　　　　　　〈各1点〉

1）미국 <u>대통령이</u> 다음 달에 한국을 방문한다고 합니다.

→ アメリカの<u>大統領が</u>来月、韓国を訪問するそうです。

① ［대톨령이］　② ［대톤녕이］　❸ ［대통녕이］　④ ［대통영이］

学習Ｐ　ㄹの鼻音化を問う問題。ㅇパッチムに続く初声ㄹはㄴに鼻音化し、大統領は［대통녕］と発音される。

2）<u>불빛 아래로</u> 벌레들이 날아왔다.

→ <u>明かりの下に</u>虫たちが飛んで来た。

① ［불삐사래로］　　　　　　　❷ ［불삐다래로］

③ ［불삐차래로］　　　　　　　④ ［불삔나래로］

学習Ｐ　単語間の連音化を問う問題。「明かり」を表す불빛の後に母音で始まる単語が続くとㅊがそのまま連音せず、ㅊパッチムなどの代表音［ㄷ］が連音するので불빛 아래は［불삐다래］と発音される。

3）이번 시험은 <u>만점이</u> 목표였지만 아쉽게도 하나 틀렸다.

→ 今回の試験は<u>満点が</u>目標だったが、残念ながら1つ間違えた。

❶ ［만쩌미］　　② ［만처미］　　③ ［망쩌미］　　④ ［망처미］

学習Ｐ　合成語における濃音化を問う問題。만점「満点」は만と점の組合せで、점の初声ㅈが濃音化して［만쩜］と発音される。

解 答

2 空欄補充問題（語彙問題） 〈各1点〉

1) 추가 공연을 보기 위해서는 티켓 (예매)가 필요하다.

→ 追加公演を見るためにはチケットの(予約)が必要だ。

① 명사 → 名詞   ② 연주 → 演奏

❸ 예매 → 前売りを買うこと   ④ 용기 → 勇気

学習P 漢字語の名詞を選ぶ問題。チケットや新商品を予約購入することを예매〈予買〉という。

2) 삼계탕 맛이 좀 (싱거워서) 후추와 소금을 넣어서 먹었다.

→ サムゲタン(参鶏湯)の味が少し(薄くて)、コショウと塩を入れて食べた。

① 시원해서 → 涼しくて   ❷ 싱거워서 → 薄くて

③ 답답해서 → もどかしくて   ④ 심해서 → ひどくて、甚だしくて

学習P 動詞を選ぶ問題。싱겁다は「(味が)薄い」。厚みがないことや色が薄いことをあらわす場合は얇다を用いる。

3) 목이 빠지게 기다리던 방학이 (드디어) 시작됐다.

→ 首を長くして待っていた学期休みが(ついに)始まった。

❶ 드디어 → ついに   ② 문득 → ふと

③ 되게 → すごく   ④ 도저히 → 到底

学習P 副詞を選ぶ問題。選択肢②、③、④の例文は次のとおり。②얘기를 듣다가 문득 옛날 생각이 났다「話を聞いていてふと昔のことを思い出した」、③김치가 되게 맛있어요「キムチがすごくおいしいです」、④어떻게 될지 도저히 상상 못 하겠다「どうなるか到底想像できない」。

解 答

4) A : 이렇게 깨끗한데 더 청소해야 하나요?

　　B : 잘 보면 여기저기 (먼지)가 쌓여 있다고요.

　　→ A : こんなにきれいなのにさらに掃除しなければならないんですか?
　　　　B : よく見たらあちこちに(ほこり)が積もっているんですってば。

　① 조카　→ 甥／姪　　　　② 한마디　→ 一言

　❸ 먼지　→ ほこり　　　　④ 바위　　→ 岩

【学習P】 固有語の名詞を選ぶ問題。

5) A : 아까 내렸어야 하는데 지나쳐 버린 것 같아요.

　　B : 그럼 다음 역에서 내려서 버스로 (갈아타요.)

　　→ A : さっき降りるべきだったのに乗り過ごしてしまったようです。
　　　　B : それでは次の駅で降りてバスに(乗り換えましょう。)

　❶ 갈아타요.　→ 乗り換えましょう。 ② 실어요.　→ 載せましょう。

　③ 섞어요.　　→ 混ぜましょう。　　④ 밟아요.　→ 踏みましょう。

【学習P】 動詞を選ぶ問題。選択肢②の基本形は싣다「積む、載せる、掲載する」。

6) A : 요즘 정아 선배 얼굴이 잘 안 보이는 것 같아요.

　　B : (안 그래도) 연락해 보려고 했어요.

　　A : 그래요? 무슨 일이 있는 거 아니었으면 좋겠네요.

　　→ A : 最近、チョンア先輩の顔があまり見えないようです。
　　　　B : (それでなくても)連絡してみようと思っていました。
　　　　A : そうですか。何かあったんじゃなければいいですね。

　① 그러다 보니까　→ そうしていたら

　② 그건 그렇지만　→ それはそうだけど

　③ 그래도 그렇지　→ そうだとしても

　❹ 안 그래도　　　→ それでなくても

解 答

学習Ⓟ 慣用句などの表現を選ぶ問題。

3 空欄補充問題(文法問題) 〈各1点〉

1) 아기가 날(마다) 커 가는 모습을 보면 힘이 난다.
   → 赤ちゃんが日(に日に)大きくなっていく様子を見ると元気が出る。

① 말고는 → 〜以外は   ❷ 마다 → 〜ごとに
③ 대로 → 〜通りに   ④ 에다 → 〜に

学習Ⓟ 助詞を選ぶ問題。選択肢①、③、④の助詞を用いた例文は次のとおり。①양파말고는 먹을 수 없는 음식이 없어요「玉ねぎ以外は食べられない食べ物はありません」、③선생님의 설명대로 해 봤어요「先生の説明通りにやってみました」、④그걸 집에다 놓고 왔어요「それを家に置いてきました」。④は에다가とも。

2) 내 선택에 대해 사람들이 뭐라고 (하든지) 신경 쓰지 않겠다.
   → 私の選択について人々がなんと(言っても)気にしない。

❶ 하든지 → 言おうと   ② 했다가 → してから
③ 했으면 → したら   ④ 해야만 → してこそ

学習Ⓟ 語尾を選ぶ問題。選択肢②、③、④の語尾を用いた例文は次のとおり。②집에 잠깐 들렀다가 여기 왔어요「家にちょっと寄ってからここに来ました」、③시작을 했으면 끝까지 해야지「始めたなら最後までやらないと」、④나는 연습을 많이 해야만 외울 수 있다「私は練習をたくさんしてこそ覚えることができる(=しないと覚えられない)」。

3) 나는 (취미를 통해서) 그 사람을 알게 되었다.
   → 私は(趣味を通して)その人を知るようになった。

解　答

① 취미에 따르면　→ 趣味によると

② 취미만 빼고　　→ 趣味だけ除いて

③ 취미를 비롯해　→ 趣味をはじめとして

❹ 취미를 통해서　→ 趣味を通して

学習P 慣用表現を選ぶ問題。選択肢①、②、③の慣用表現を用いた例文は次のとおり。①일기예보에 따르면 오늘 눈이 온다고 한다「天気予報によると、今日雪が降るそうだ」、②수학만 빼고 다 백 점을 받았다「数学だけ除いて(＝以外は)全部百点を取った」、③이번 행사에는 한국을 비롯해 많은 나라가 참가했다「今回の行事には韓国をはじめとして多くの国が参加した」。

4）A : 매일 도시락을 싸는 게 힘들지 않아요?

　　B : 네. 그래서 저는 전날에 반찬을 (만들어 놓아요.)

　　→ A : 毎日お弁当を作るのは大変ではないですか?

　　　　B : はい。だから私は前日におかずを(作っておきます。)

❶ 만들어 놓아요.　　→ 作っておきます。

② 만드냐고 해요.　　→ 作るのかと言っています。

③ 만들 리가 없어요.　→ 作るはずがありません。

④ 만들어서 그래요.　→ 作るからです。

学習P 慣用表現を選ぶ問題。正答①-{아／어} 놓다は「～しておく」という意味で、同じ意味の慣用表現に-{아／어} 두다があり、概ね置き換えが可能だが、「置いておく」は놓아 두다／놔두다となる。

5）A : 여기에 있던 커피 못 봤어요?

　　B : 미안해요. 제가 (마셔 버렸는데요.)

　　　→ A : ここにあったコーヒー、見ませんでしたか?

　　　　　B : すみません。私が(飲んでしまいました。)

① 마셔 버릴 뻔했는데요.　→ 飲んでしまうところでした。

解 答

❷ 마셔 버렸는데요.　　　→ 飲んでしまいました。

③ 마실 것 같았어요.　　　→ 飲みそうでした。

④ 마실 수밖에 없어요.　　→ 飲むしかありません。

学習Ⓟ 慣用表現を選ぶ問題。正答②-{아／어} 버리다は、「～してしまう」という意味。버리다は単独の動詞として用いる場合は「捨てる」という意味になる。

---

4 下線部と置き換えが可能なものを選ぶ問題　　　〈各2点〉

1) 어머니는 낮이나 밤이나 군대 간 오빠 생각만 하신다.

　　→ 母は昼夜を問わず軍隊に行った兄のことばかり考えている。

① 가끔씩　→ 時々　　　　② 여전히　　→ 相変わらず

③ 얼마간　→ 当分　　　❹ 하루 종일　→ 一日中

学習Ⓟ 語彙を言い換える問題。낮이나 밤이나「昼夜問わず【直訳：昼も夜も】」の類似表現に낮과 밤이 따로 없다「昼夜を問わない【直訳：昼と夜が別にない】」がある。

2) 내년쯤에 집을 옮기려고 알아보고 있다.

　　→ 来年あたりに住まい【直訳：家】を移そうと調べている。

① 지불하려고　→ 支払おうと　❷ 이사하려고　→ 引っ越そうと

③ 구경하려고　→ 見物しようと　④ 공사하려고　→ 工事しようと

学習Ⓟ 語彙を言い換える問題。이사하다は「引っ越す」という意味。

3) A : 지난번 과제 잘 끝냈어요?

　　B : 좀 늦게 냈는데 선생님이 눈감아 주셨어요.

解 答

→ A：この間の課題、無事終わらせましたか？

B：少し遅く出しましたが、先生が<u>目をつぶって</u>くださいました。

① 한발 늦었어요　→　一足遅かったです

② 화를 내셨어요　→　お怒りになりました

❸ 봐주셨어요　　　→　見逃してくださいました

④ 힘을 주셨어요　→　力をくださいました

学習Ｐ　눈을 감다は「目をつぶる、大目に見る、見逃す」の他、「死ぬ、永眠する」という意味にもなる３級の慣用句。

4）A：<u>발표하기 전에</u> 먼저 자기소개를 해도 될까요？

B：네. 그럼 짧게 부탁드리겠습니다.

→ A：<u>発表する前に</u>まず自己紹介をしてもいいでしょうか？
　 B：はい。では、短くお願い致します。

① 발표하는 대신에　　→　発表する代わりに

② 발표해 봐야　　　　→　発表してはじめて

③ 발표한 이래로　　　→　発表して以来

❹ 발표를 하기에 앞서　→　発表するのに先立って

学習Ｐ　慣用表現を言い換える問題。選択肢②は해 봐야 알 수 있다「してみて初めて分かる（＝してみないと分からない）、해 봐야 무의미하다「してみたところで無意味だ」の２つの用法がある。

解 答

5 2つの文に共通して入るものを選ぶ問題 〈各1点〉

1） ・주인공을 맡은 배우가 (연기)를 잘해서 감동했습니다.
  → 主人公を務めた俳優が(演技)が上手くて感動しました。

 ・자료에 문제가 발견돼서 오늘 회의는 (연기)가 되었습니다.
  → 資料に問題が見つかって今日の会議は(延期)になりました。

① 표현 → 表現   ❷ 연기 → 演技；延期
③ 중지 → 中止   ④ 취소 → 取り消し

学習P 名詞を選ぶ問題。2つの文に共通して入ることができるのは②の연기だけ。
연기は「演技」「延期」の他、「煙」という意味もある。

2） ・어느새 해가 (지고) 하늘에 달이 떠 있었다.
  → いつの間にか太陽が(沈み)空に月が浮かんでいた。

 ・사장님이 이번 사건의 책임을 (지고) 회사를 떠났다.
  → 社長が今回の事件の責任を(負って)会社を去った。

① 뜨고   → 浮かんで   ② 떨어지고 → 落ちて
③ 느끼고 → 感じて   ❹ 지고   → 沈んで；負って

学習P 動詞を選ぶ問題。最初の文には떨어지고／지고が、2番目の文には 느끼고／
지고が入り得る。2つの文に共通して入ることができるのは④の지고だけ。
해가 {지다／떨어지다}は「日が沈む」、해가 뜨다は「日が昇る」という意味。

3） ・좀 더 (자신) 있게 말하는 게 좋을 것 같아요.
  → もう少し(自信)を持って話した方が良いと思います。

 ・자기 (자신)의 경험을 얘기해 보세요.
  → 自分(自身)の経験を話してみてください。

解 答

❶ 자신 → 自信;自身　　② 과거 → 過去

③ 애인 → 恋人　　④ 분위기 → 雰囲気

学習Ⓟ 名詞を選ぶ問題。共通して入ることができるのは①の자신だけ。

---

6 空欄補充問題（対話問題）　　　　　　　　　〈各2点〉

1） A : 오늘 마라톤 경기는 최 선수가 놀라웠어요.

　　B : (중간에 넘어진 선수 말이죠?)

　　A : 네. 끝까지 포기하지 않고 결국 메달까지 땄잖아요.

→　A : 今日のマラソン競技はチェ選手に驚きました。
　　B : （途中で転んだ選手のことですよね？）
　　A : はい。最後まであきらめず、結局メダルまで獲ったじゃないですか。

① 누가 이겼는지 가르쳐 줄래요?

　　→ 誰が勝ったのか教えてくれますか？

❷ 중간에 넘어진 선수 말이죠?

　　→ 途中で転んだ選手のことですよね？

③ 저는 너무 무서워서 보다 말았어요.

　　→ 私は怖すぎて途中で見るのをやめました。

④ 중간에 포기는 했지만 멋있었습니다.

　　→ 途中であきらめはしましたが、かっこよかったです。

学習Ⓟ 메달을 따다で「メダルを獲得する」という意味。따다は「(資格・免許などを)取る」、「(花を)摘む」、「(果物などを)もぐ」、「(文章を)引用する」などの意味で用いられる。

2） A : 오늘 출근할 때 길이 엄청 막혔어요.

解 答

B：(어제 내린 눈 때문에 길이 얼었죠?)

A：네. 더 추워진다고 하니까 한동안 안 녹을 것 같아요.

→ A：今日出勤するとき、道がものすごく渋滞しました。
 B：(昨日降った雪のために道が凍りましたよね?)
 A：はい。もっと寒くなるそうですからしばらく解けなさそうです。

❶ 어제 내린 눈 때문에 길이 얼었죠?

 → 昨日降った雪のため道が凍りましたよね?

② 오는 길에 교통 사고가 났어요?

 → 来る途中で交通事故が起きたんですか?

③ 지하철로 오는 게 훨씬 빠르겠어요.

 → 地下鉄で来る方がずっと速いでしょう。

④ 출근할 때마다 길이 막혀서 고생하네요.

 → 出勤するたびに渋滞して苦労しますね。

学習P 正答①の얼다「凍る」と会話文の녹다「解ける、溶ける」が文脈を把握するヒントになる。얼다の名詞形は얼음で、「氷」という意味である。

3) A：공항까지 차비가 얼마 정도 드는지 아세요?

 B：(여기에 출발지별로 요금이 나와 있어요.)

 A：아, 고마워요. 확인해 볼게요.

→ A：空港まで交通費がどれくらいかかるかご存知ですか?
 B：(ここに出発地別に料金が出ています。)
 A：ああ、ありがとうございます。確認してみます。

① 저는 영수증은 다 쓰레기통에 버렸는데요?

 → 私は領収証は全部ゴミ箱に捨てましたが?

❷ 여기에 출발지별로 요금이 나와 있어요.

 → ここに出発地別に料金が出ています。

解 答

③ 혹시 출장이라도 가시게 된 거예요?

→ もしかしたら出張にでも行かれることになったんですか?

④ 비용은 우리가 부담할 테니까 걱정 마세요.

→ 費用は私たちが負担しますから心配なさらないでください。

学習P 名詞に－별〈別〉が付いて「～別」となり、「～別に」は－별로となる。地域별로「地域別に」など。名詞が付かず、별로のみの場合は「別に、さほど」という意味の副詞になる。また、별로예요など「～だ、～です」などが付き「いまいち」という意味でも用いられる。

4) A : 배고파 죽겠어요. 뭐 먹을 거 없어요?

B : (시장하시면 여기 배라도 드세요.)

A : 잘됐다. 그거 깎아서 먹어야겠어요.

→ A : お腹がすいて死にそうです。何か食べるものないですか?
　 B : (空腹でしたらここにある梨でも召し上がってください。)
　 A : よかった。それをむいて食べなければ。

❶ 시장하시면 여기 배라도 드세요.

→ 空腹でしたらここにある梨でも召し上がってください。

② 지금 바로 먹을 수 있는 게 아무것도 없어요.

→ 今すぐ食べられるものが何もありません。

③ 양파랑 돼지고기가 있는데 볶아서 먹을래요?

→ 玉ねぎと豚肉がありますが、炒めて食べますか?

④ 어제 구운 쿠키가 있긴 하지만 단 거 싫어하시죠?

→ 昨日焼いたクッキーがあるにはありますが、甘いものお嫌いですよね?

学習P 3行目のAの깎다は「(ナイフなどで)皮をむく」という意味で、①の배「梨」のみがこの動詞に適した食べ物である。

解 答

7 下線部の漢字と同じハングルで表記されるものを選ぶ問題 〈各 1 点〉

1）選挙 → 선거
　　① 専攻 → 전공　　　　② 温泉 → 온천
　　❸ 宣伝 → 선전　　　　④ 戦争 → 전쟁
学習Ｐ 선と表記される漢字：選、宣、先、線、船、鮮など。

2）段階 → 단계
　　① 解決 → 해결　　　　② 海外 → 해외
　　③ 会員 → 회원　　　　❹ 世界 → 세계
学習Ｐ 계と表記される漢字：階、界、季、計、系、継、係、械、鶏など。

3）季節 → 계절
　　① 直接 → 직접　　　　❷ 親切 → 친절
　　③ 率直 → 솔직　　　　④ 積極的 → 적극적
学習Ｐ 절と表記される漢字：節、切、絶、折など。

8 読解問題 〈各 2 点〉

　제가 처음 취직했을 때에 비해 사람들 사이에서 일과 생활을 바라보는 눈빛이 바뀌어 가고 있다고 느낍니다. 시대의 흐름에 따라 사람들의 가치관에 변화가 생긴 것은 국내외의 경제적인 상황과도 어느 정도 상관이 있는 듯합니다. 옛날에는 (×퇴근 시간을 잘 지키는 직원)을 훌륭하다고 생각하고, 그것과는 반대로 휴식을 원하는 사람은 환영받지 못하고 비판받는 경향이 있었지요. 하지만 건강해야 일도 더 잘

解 答

할 수 있을 것입니다. 저는 생활의 질을 높이는 것을 소중하게 생각하는 사람들이 많아진 게 반가울 뿐입니다.

[日本語訳]

　私が初めて就職した時に比べて人々の間で仕事と生活を見る視線が変わりつつあると感じます。時代の流れに沿って人々の価値観に変化が生じたのは、国内外の経済的な状況ともある程度関係があるようです。昔は(×退勤時間をよく守る職員)を立派だと考え、それとは反対に休息を望む人は歓迎されずに批判される傾向がありましたよね。しかしながら、健康であってこそ仕事もよりよくできることでしょう。私は生活の質を高めることを大切に考える人々が多くなったことが嬉しいばかりです。

【問1】 空欄に入れるのに適切ではないものを選ぶ問題

① 일을 더 많이 하려고 하는 점원

　　→ 仕事をより多くしようとする店員

② 다른 사람들에 비해 덜 쉬는 사람

　　→ 他の人たちに比べて休みが少ない人

③ 회사에 늦게까지 남아 있는 사원

　　→ 会社に遅くまで残っている社員

❹ 퇴근 시간을 잘 지키는 직원

　　→ 退勤時間をよく守る職員

学習ℙ　그것과는 반대로以降の内容から、④퇴근 시간을 잘 지키는 직원は定時まで働き、それ以外の選択肢は勤務時間や仕事量が多いという内容のため④と相反する。

解　答

【問2】　筆者の考えと一致するものを選ぶ問題

① 무엇보다 회사 업무는 첫번째로 고려되어야 한다.

　　→ 何より会社の業務は一番に考慮されなければならない。

② 시대가 바뀌어도 가치관은 결코 변하지 않는다.

　　→ 時代が変わっても価値観は決して変わらない。

③ 늦게 퇴근하는 사람은 훌륭한 사원이다.

　　→ 遅く退勤する人は立派な社員だ。

❹ 몸과 마음의 건강을 고려하며 살았으면 한다.

　　→ 体と心の健康を考慮して暮らしたいと思う。

学習P　正答④の-{았／었}으면〔하다／싶다／좋겠다〕で「～できたらいいと思う、～したいと思う」という願望を表す。

9　読解問題　　　　　　　　　　　　　　　　　〈各2点〉

현수 : 한국에 관해서 관심 있는 분야가 있나요?

유코 : 전에는 대중문화만 좋아했는데 최근에는 역사에도 관심을 가지게 됐어요. 특히 조선 시대요.

현수 : 그렇게 역사에 관심이 생긴 특별한 이유가 있어요?

유코 : 드라마를 보다가 어떤 부분이 사실인지 궁금해졌거든요.

현수 : 아, 드라마 많이 보신다고 했었죠?

유코 : 네, 근데 요즘은 역사 관련 책을 더 많이 읽고 있어요.

현수 : (내용이 쉽지 않을 것 같은데 대단하네요.) 저는 그런 책만 보면 바로 졸 것 같은데요.

유코 : 아직은 한국어 수준이 그렇게 높지 않아서 일본어로 번역된

解　答

책만 읽거든요. 열심히 공부해서 언젠가는 전문서를 한국어로 읽을 수 있게 돼야죠.

[日本語訳]

ヒョンス：韓国に関して興味のある分野がありますか？

ゆ う こ：前は大衆文化だけ好きでしたが、最近は歴史にも関心を持つ ようになりました。特に朝鮮時代です。

ヒョンス：そのように歴史に興味を持った特別な理由があるんですか？

ゆ う こ：ドラマを見ていてどんな部分が事実なのか知りたくなったん です。

ヒョンス：ああ、ドラマをたくさんご覧になると言ってましたよね？

ゆ う こ：はい、でも最近は歴史関連の本の方をたくさん読んでいます。

ヒョンス：（内容が易しくないでしょうにすごいですね。）私はそんな本 を見さえすればすぐうとうとしてしまいそうですよ。

ゆ う こ：まだ韓国語の水準がそれほど高くないので日本語に翻訳され た本ばかり読んでいるんです。頑張って勉強していつかは専 門書を韓国語で読めるようにならないと。

【問1】　空欄補充問題

❶ 내용이 쉽지 않을 것 같은데 대단하네요.

→ 内容が易しくないでしょうにすごいですね。

② 아무리 생각해도 정말로 아깝지요?

→ どんなに考えても本当に勿体ないでしょう？

③ 저도 읽어 보게 한 권 빌려 주실래요?

→ 私も読んでみたいので【直訳：読んでみるように】一冊貸してください ますか？

解 答

④ 기본적인 지식만 있어도 안 되지요.

　→ 基本的な知識だけあってもダメですよ。

[学習P] 文脈に沿っているのは①。

【問2】 内容の一致を問う問題

❶ 유코는 한국어로 된 역사책은 읽기 어려워 한다.

　→ ゆうこは、韓国語で書かれた歴史書を読むのを難しがっている。

② 유코는 대중문화에 대한 관심이 사라졌다.

　→ ゆうこは大衆文化に関する関心がなくなった。

③ 현수는 책을 읽으면 금방 잠이 든다고 했다.

　→ ヒョンスは本を読んだらすぐに寝てしまうと言った。

④ 현수는 유코만큼 역사책을 자주 읽는 편이다.

　→ ヒョンスはゆうこと同じくらい歴史書を頻繁に読む方だ。

[学習P] ゆうこの最後の発言と正答①の内容が一致している。選択肢③잠이 든다고の基本形は잠이 들다で、「寝付く」という意味。

10 読解問題 〈各2点〉

　회사 동료의 추천으로 한국 전통 무용 공연을 보러 갔다. 광고를 보고 알고 있긴 했지만 가격 때문에 쉽게 마음을 먹지 못한 공연이었다. 막이 오른 순간부터 (공연에 푹 빠져 들었다.) 무대 위에서 춤을 추는 사람들은 마치 날개를 단 듯이 움직임이 가벼웠고 여러 색깔의 전통적인 옷도 아름다웠다. 거기에서 본 장면들이 머리 속에서 잊혀지지 않는다. 몹시 행복한 시간이었다. 현실이 아닌 꿈만 같았다. 이미 본 사람의 경우 두 번째부터 할인*이 된다고 한다. 다음에는 딸과 같이 보러 가야겠다.

解　答

［日本語訳］

　会社の同僚の推薦で韓国の伝統舞踊の公演を見に行った。広告を見て知ってはいたが価格のために容易に決心できなかった公演だった。幕が上がった瞬間から（公演にすっかり夢中になった。）舞台の上で踊る人々はまるで翼がついているように動きが軽く、多様な色の伝統的な服も美しかった。そこで見た場面が頭の中で忘れられない。とても幸せな時間だった。現実ではない夢のようだった。すでに一度見た人の場合、二度目から割引*になるそうだ。次は娘と一緒に見に行かなければ。

【問１】　空欄補充問題

① 딸을 찾기 시작했다.　　　　→ 娘を探し始めた。
② 다른 공연이 보고 싶어졌다.　→ 他の公演が見たくなった。
③ 집에 빨리 가고 싶었다.　　　→ 家に早く帰りたかった。
❹ 공연에 푹 빠져 들었다.　　　→ 公演にすっかり夢中になった。

学習P　（　）括弧の部分以降に公演に対する肯定的な感想が続くが、①〜③は公演に集中できない様子や不満な様子を表す内容になっているため、④が適切である。

【問２】　本文がどのような文なのか適切に表しているものを選ぶ問題

① 어떤 인물의 인생에 대한 이야기다.
　→ ある人物の人生に関する物語だ。
❷ 만족스러운 공연을 본 감상문이다.
　→ 満足のいく公演を見た感想文だ。
③ 한 사건을 보도하기 위한 글이다.
　→ ある事件を報道するための文だ。

解 答

④ 친한 동료에게 쓴 초대장이다.

→ 親しい同僚に書いた招待状だ。

学習P 正答②の만족스러운の基本形は만족스럽다。名詞に－스럽다が付くと「～らしい、～な感じだ、～げだ」という意味の形容詞になる。3級の範囲では他にも부담스럽다「負担に思える、プレッシャーを感じる」、불만스럽다「不満気だ」、불안스럽다「不安気だ」、자연스럽다「自然だ」などがある。

11 翻訳問題（韓国・朝鮮語→日本語） 〈各2点〉

1）목적지에 도착하자마자 지갑을 잃어버렸다.

→ 目的地に着くやいなや財布を失くしてしまった。

① 着いたはずなのに → 도착했을 텐데
② もうすぐ着くはずが → 곧 도착할 것이었는데
❸ 着くやいなや → 도착하자마자
④ 着くまでの間に → 도착할 때까지

学習P 正答③の－자마자は「～するなり、～するやいなや」という意味。

2）할머니 댁까지 사촌 동생을 데리고 가라고요?

→ おばあさんのお宅まで従弟を連れて行けですって？

① 連れて行くのかですって？ → 데리고 가냐고요?
❷ 連れて行けですって？ → 데리고 가라고요?
③ 連れて行くなですって？ → 데리고 가지 말라고요?
④ 連れて行こうですって？ → 데리고 가자고요?

学習P 動詞の語幹＋(으)라고요?「～しろですって？」は命令文に対する問い返し。－{ㄴ／는}다고요?「～するんですって？」は平叙文、＋냐고요?「～するのかですって？」は疑問文、－자고요?「～しようですって」は勧誘文に対する問い返しである。

解 答

3) 이번 주는 시험공부를 할 틈이 없었다.

　→ 今週は試験勉強を<u>する暇がなかった</u>。

① まんべんなく行った。　→ 골고루 했다.

② 休む暇なく行った。　　→ 쉴 새 없이 했다.

❸ する暇がなかった。　　→ 할 틈이 없었다.

④ する気力がなかった。　→ 할 힘이 없었다.

学習Ⓟ ①골고루「まんべんなく、均等に」は準2級の語彙である。

---

12 翻訳問題（日本語→韓国・朝鮮語）　　　　　〈各2点〉

1) 先ほどお酒を飲んだので車を<u>運転することができません</u>。

　→ 아까 술을 마셨기 때문에 차를 <u>운전할 수가 없어요</u>.

❶ 운전할 수가 없어요.　→ 運転することができません。

② 운전할 줄 몰라요.　　→ 運転の仕方が分かりません。

③ 운전할 수밖에 없어요.　→ 運転するしかありません。

④ 운전할지도 몰라요.　→ 運転するかもしれません。

学習Ⓟ ②の-(으)ㄹ 줄 {알다／모르다}は「～することが{できる／できない}」を意味するが、技術・技能の有無や、方法に関する知識の有無を表現する場合に用いられる。-(으)ㄹ 수 {있다／없다}は技術・技能・知識の有無以外に、その時の状況や条件（健康状態や都合など）による可能・不可能を表す場合に用いられる。

2) <u>お忙しいでしょうから</u>お返事はお時間のある時で構いません。

　→ <u>바쁘실 테니까</u> 답장은 시간이 있으실 때 주시면 됩니다.

解　答

① 바쁘거나 말거나　→ 忙しかろうが忙しくなかろうが

❷ 바쁘실 테니까　　→ お忙しいでしょうから

③ 아무리 바빠도　　→ どんなに忙しくても

④ 바쁠 뿐이라서　　→ 忙しいだけなので

[学習P] 正答②の바쁘실 테니까は「お忙しいだろう」という推測とそれを理由として挙げる「～から、～ので」が組み合わさっている。

3）最近は忙しすぎてバタバタしている。

　　→ 요즘은 너무 바빠서 정신이 없다.

① 마음을 놓는다.　→ 安心する。

② 때를 놓친다.　　→ チャンスを逃す。

③ 시간을 번다.　　→ 時間を稼ぐ。

❹ 정신이 없다.　　→ バタバタしている。

[学習P] 정신〈精神〉이 없다は気持ちが落ち着かない様子や、何かに夢中になって他のことに身が入らない様子を表す慣用句。「気が気でない」、「無我夢中だ」、「我を忘れる」などの意味。

３級聞きとり 正答と配点

●40点満点

問題	設問	マークシート番号	正　答	配　点
1	1)	1	③	2
	2)	2	①	2
2	1)	3	④	2
	2)	4	③	2
	3)	5	②	2
	4)	6	④	2
	5)	7	①	2
	6)	8	④	2
3	1)	9	②	2
	2)	10	②	2
	3)	11	①	2
	4)	12	②	2
4	1)	13	②	2
	2)	14	③	2
	3)	15	③	2
	4)	16	④	2
5	1)	17	③	2
	2)	18	①	2
	3)	19	③	2
	4)	20	④	2
合　計				40

３級筆記　正答と配点

●60点満点

問題	設問	マークシート番号	正答	配点
1	1)	1	③	1
	2)	2	②	1
	3)	3	①	1
2	1)	4	③	1
	2)	5	②	1
	3)	6	①	1
	4)	7	③	1
	5)	8	①	1
	6)	9	④	1
3	1)	10	②	1
	2)	11	①	1
	3)	12	④	1
	4)	13	①	1
	5)	14	②	1
4	1)	15	④	2
	2)	16	②	2
	3)	17	③	2
	4)	18	④	2
5	1)	19	②	1
	2)	20	④	1
	3)	21	①	1

問題	設問	マークシート番号	正答	配点
6	1)	22	②	2
	2)	23	①	2
	3)	24	②	2
	4)	25	①	2
7	1)	26	③	1
	2)	27	④	1
	3)	28	②	1
8	問1	29	④	2
	問2	30	④	2
9	問1	31	①	2
	問2	32	①	2
10	問1	33	④	2
	問2	34	②	2
11	1)	35	③	2
	2)	36	②	2
	3)	37	③	2
12	1)	38	①	2
	2)	39	②	2
	3)	40	④	2
合　計				60

第60回　正答と配点

かな文字のハングル表記
（大韓民国方式）

【かな】	【ハングル】									
	＜語頭＞					＜語中＞				
あ い う え お	아	이	우	에	오	아	이	우	에	오
か き く け こ	가	기	구	게	고	카	키	쿠	케	코
さ し す せ そ	사	시	스	세	소	사	시	스	세	소
た ち つ て と	다	지	쓰	데	도	타	치	쓰	테	토
な に ぬ ね の	나	니	누	네	노	나	니	누	네	노
は ひ ふ へ ほ	하	히	후	헤	호	하	히	후	헤	호
ま み む め も	마	미	무	메	모	마	미	무	메	모
や ゆ よ	야		유		요	야		유		요
ら り る れ ろ	라	리	루	레	로	라	리	루	레	로
わ を	와				오	와				오
が ぎ ぐ げ ご	가	기	구	게	고	가	기	구	게	고
ざ じ ず ぜ ぞ	자	지	즈	제	조	자	지	즈	제	조
だ ぢ づ で ど	다	지	즈	데	도	다	지	즈	데	도
ば び ぶ べ ぼ	바	비	부	베	보	바	비	부	베	보
ぱ ぴ ぷ ぺ ぽ	파	피	푸	페	포	파	피	푸	페	포
きゃ きゅ きょ	갸		규		교	캬		큐		쿄
しゃ しゅ しょ	샤		슈		쇼	샤		슈		쇼
ちゃ ちゅ ちょ	자		주		조	차		추		초
にゃ にゅ にょ	냐		뉴		뇨	냐		뉴		뇨
ひゃ ひゅ ひょ	햐		휴		효	햐		휴		효
みゃ みゅ みょ	먀		뮤		묘	먀		뮤		묘
りゃ りゅ りょ	랴		류		료	랴		류		료
ぎゃ ぎゅ ぎょ	갸		규		교	갸		규		교
じゃ じゅ じょ	자		주		조	자		주		조
びゃ びゅ びょ	뱌		뷰		뵤	뱌		뷰		뵤
ぴゃ ぴゅ ぴょ	퍄		퓨		표	퍄		퓨		표

撥音の「ん」と促音の「っ」はそれぞれパッチムのㄴ、ㅅで表す。
長母音は表記しない。タ行、ザ行、ダ行に注意。

かな文字のハングル表記
（朝鮮民主主義人民共和国方式）

【かな】	【ハングル】	
	＜語頭＞	＜語中＞
あ い う え お	아 이 우 에 오	아 이 우 에 오
か き く け こ	가 기 구 게 고	까 끼 꾸 께 꼬
さ し す せ そ	사 시 스 세 소	사 시 스 세 소
た ち つ て と	다 지 쯔 데 도	따 찌 쯔 떼 또
な に ぬ ね の	나 니 누 네 노	나 니 누 네 노
は ひ ふ へ ほ	하 히 후 헤 호	하 히 후 헤 호
ま み む め も	마 미 무 메 모	마 미 무 메 모
や ゆ よ	야 유 요	야 유 요
ら り る れ ろ	라 리 루 레 로	라 리 루 레 로
わ を	와 오	와 오
が ぎ ぐ げ ご	가 기 구 게 고	가 기 구 게 고
ざ じ ず ぜ ぞ	자 지 즈 제 조	자 지 즈 제 조
だ ぢ づ で ど	다 지 즈 데 도	다 지 즈 데 도
ば び ぶ べ ぼ	바 비 부 베 보	바 비 부 베 보
ぱ ぴ ぷ ぺ ぽ	빠 삐 뿌 뻬 뽀	빠 삐 뿌 뻬 뽀
きゃ きゅ きょ	갸 규 교	꺄 뀨 꾜
しゃ しゅ しょ	샤 슈 쇼	샤 슈 쇼
ちゃ ちゅ ちょ	쟈 쥬 죠	쨔 쮸 쬬
にゃ にゅ にょ	냐 뉴 뇨	냐 뉴 뇨
ひゃ ひゅ ひょ	햐 휴 효	햐 휴 효
みゃ みゅ みょ	먀 뮤 묘	먀 뮤 묘
りゃ りゅ りょ	랴 류 료	랴 류 료
ぎゃ ぎゅ ぎょ	갸 규 교	갸 규 교
じゃ じゅ じょ	쟈 쥬 죠	쟈 쥬 죠
びゃ びゅ びょ	뱌 뷰 뵤	뱌 뷰 뵤
ぴゃ ぴゅ ぴょ	뺘 쀼 뾰	뺘 쀼 뾰

撥音の「ん」は語末と母音の前では○パッチム、それ以外ではㄴパッチムで表す。
促音の「っ」は、か行の前ではㄱパッチム、それ以外ではㅅパッチムで表す。
長母音は表記しない。タ行、ザ行、ダ行に注意。

ㅎ

ㄱ

「ハングル」能力検定試験

資　料

2023年春季　第59回検定試験状況

●試験の配点と平均点・最高点

級	配点（100点満点中）			全国平均点			全国最高点		
	聞・書	筆記	合格点（以上）	聞・書	筆記	合計	聞・書	筆記	合計
1級	40	60	70	20	32	52	37	52	89
2級	40	60	70	24	32	56	38	54	90
準2級	40	60	70	25	39	64	40	60	100
3級	40	60	60	27	42	69	40	60	100
4級	40	60	60	29	45	74	40	60	100
5級	40	60	60	31	48	79	40	60	100

●出願者・受験者・合格者数など

	出願者数（人）	受験者数（人）	合格者数（人）	合格率	累計（1回〜59回）		
					出願者数	受験者数	合格者数
1級	120	106	20	18.9%	5,427	4,943	578
2級	426	370	70	18.9%	27,286	24,332	3,673
準2級	1,204	1,055	434	41.1%	67,127	60,469	20,295
3級	2,559	2,218	1,669	75.2%	125,899	112,040	62,084
4級	3,178	2,713	2,151	79.3%	150,593	133,468	98,508
5級	2,966	2,519	2,157	85.6%	136,885	121,362	98,497
合計	10,453	8,981	6,501	72.4%	514,160	457,486	283,721

※累計の各合計数には第18回〜第25回までの準1級出願者、受験者、合格者数が含まれます。

■年代別出願者数

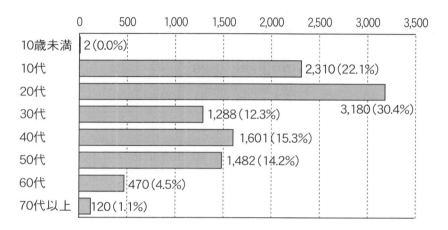

10歳未満	2 (0.0%)
10代	2,310 (22.1%)
20代	3,180 (30.4%)
30代	1,288 (12.3%)
40代	1,601 (15.3%)
50代	1,482 (14.2%)
60代	470 (4.5%)
70代以上	120 (1.1%)

■職業別出願者数

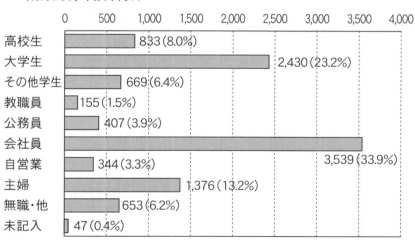

高校生	833 (8.0%)
大学生	2,430 (23.2%)
その他学生	669 (6.4%)
教職員	155 (1.5%)
公務員	407 (3.9%)
会社員	3,539 (33.9%)
自営業	344 (3.3%)
主婦	1,376 (13.2%)
無職・他	653 (6.2%)
未記入	47 (0.4%)

2023年秋季　第60回検定試験状況

●試験の配点と平均点・最高点

級	配点（100点満点中）			全国平均点			全国最高点		
	聞・書	筆記	合格点（以上）	聞・書	筆記	合計	聞・書	筆記	合計
1級	40	60	70	18	29	47	35	49	83
2級	40	60	70	24	31	55	40	55	95
準2級	40	60	70	22	32	54	40	60	100
3級	40	60	60	25	40	65	40	60	100
4級	40	60	60	30	44	74	40	60	100
5級	40	60	60	33	48	81	40	60	100

●出願者・受験者・合格者数など

	出願者数（人）	受験者数（人）	合格者数（人）	合格率	累計（1回～60回）		
					出願者数	受験者数	合格者数
1級	102	93	6	6.5%	5,529	5,036	584
2級	472	412	75	18.2%	27,758	24,744	3,748
準2級	1,385	1,209	225	18.6%	68,512	61,678	20,520
3級	2,801	2,443	1,558	63.8%	128,700	114,483	63,642
4級	3,422	2,991	2,336	78.1%	154,015	136,459	100,844
5級	3,221	2,788	2,376	85.2%	140,106	124,150	100,873
合計	11,403	9,936	6,576	66.2%	525,563	467,422	290,297

※累計の各合計数には第18回～第25回までの準1級出願者、受験者、合格者数が含まれます。

■年代別出願者数

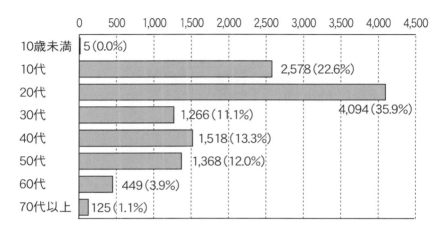

10歳未満	5 (0.0%)
10代	2,578 (22.6%)
20代	4,094 (35.9%)
30代	1,266 (11.1%)
40代	1,518 (13.3%)
50代	1,368 (12.0%)
60代	449 (3.9%)
70代以上	125 (1.1%)

■職業別出願者数

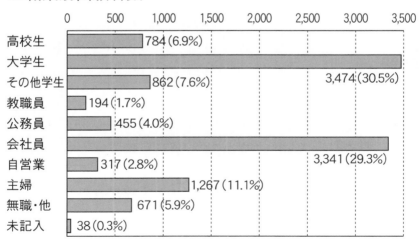

高校生	784 (6.9%)
大学生	3,474 (30.5%)
その他学生	862 (7.6%)
教職員	194 (1.7%)
公務員	455 (4.0%)
会社員	3,341 (29.3%)
自営業	317 (2.8%)
主婦	1,267 (11.1%)
無職・他	671 (5.9%)
未記入	38 (0.3%)

●合格ラインと出題項目一覧について

◇合格ライン

	聞きとり		筆記		合格点
	配点	必須得点(以上)	配点	必須得点(以上)	100点満点中(以上)
5級	40		60		60
4級	40		60		60
3級	40	12	60	24	60
準2級	40	12	60	30	70
2級	40	16	60	30	70

	聞きとり・書きとり		筆記・記述式		
	配点	必須得点(以上)	配点	必須得点(以上)	
1級	40	16	60	30	70

◆解答は、5級から2級まではすべてマークシート方式です。
1級は、マークシートと記述による解答方式です。
◆5、4級は合格点(60点)に達していても、聞きとり試験を受けていないと不合格になります。

◇出題項目一覧

	初 級		中 級		上 級	
	5級	4級	3級	準2級	2級	1級
学習時間の目安	40時間	80	160	240〜300	—	—
発音と文字	▨	▨	▨	▨	*	*
正書法	▨	▨	▨	▨	▨	▨
語彙	▨	▨	▨	▨	▨	▨
擬声擬態語			*	*	▨	▨
接辞、依存名詞	▨	▨	▨	▨	▨	▨
漢字					▨	▨
文法項目と慣用表現	▨	▨	▨	▨	▨	▨
連語	▨	▨	▨	▨	▨	▨
四字熟語				*	▨	▨
慣用句			▨	▨	▨	▨
ことわざ			▨	▨	▨	▨
縮約形など	▨	▨	▨	▨	▨	▨
表現の意図	▨	▨	▨	▨	▨	▨
テクストの理解と産出　内容理解	▨	▨	▨	▨	▨	▨
接続表現	*	*	▨	▨	▨	▨
指示詞	*	*	▨	▨	▨	▨

※灰色部分が、各級の主な出題項目です。
　「*」の部分は、個別の単語として取り扱われる場合があることを意味します。

「ハングル」検定

1級　2級　準2級

3級　4級　5級

全国約36会場での検定は6月［第1日曜］・11月［第2日曜］実施予定

■ 6月／ネット受付期間：3月上旬～4月中旬

■ 11月／ネット受付期間：8月中旬～10月上旬

> ネット受付と郵送受付、期間がそれぞれ異なります

検定料●[上級] 1級：10000円、2級：7000円
　　　　 [中級] 準2級：6300円、3級：5300円
　　　　 [初級] 4級：4200円、5級：3200円

最新情報はHPをチェック!! https://www.hangul.or.jp

> PCとネット環境があれば、
> 自宅で受験できちゃうんだ！
> ※推奨環境は公式HPで確認してください

年2回実施 1月［申込：12/1～1/初旬］と7月［申込：6/1～7/初旬］

入門級オンライン試験

「ハングル」を習い始めた初心者を対象とした試験で、オンライン限定で新設された入門級の試験です。試験会場で実施している既存の1級から5級までの試験への足掛かりとなる入門級をオンラインで幅広い方に受験して頂けます。入門レベルではありますが、ハングル能力検定協会の評価対象となる公式試験です。

入門級の出題範囲・学習資料は当協会HPで無料公開中

ハン検公式SNSをフォロー!!
instagram/twitter/facebook

スタッフブログ
Ameba

特定非営利活動法人 **ハングル能力検定協会**

〒101-0051 東京都千代田区神田神保町2丁目22番 5F

「ハングル」検定公式テキスト
ペウギ 準2級/3級/4級/5級

ハン検公式テキスト。これで合格を
目指す！　暗記用赤シート付。
準2級/2,970円（税込）※CD付き
3級/2,750円（税込）
5級、4級/各2,420円（税込）
※A5版、音声ペン対応

合格トウミ【改訂版】
初級編 / 中級編 / 上級編

レベル別に出題語彙、慣用句、慣用表現
等をまとめた受験者必携の一冊。
暗記用赤シート付。
初級編/1,760円（税込）
中級編、上級編/2,420円（税込）
※A5版、音声ペン対応

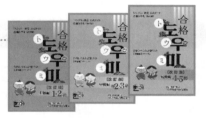

中級以上の方のためのリスニングBOOK
読む・書く「ハン検」

長文をたくさん読んで「読む力」を鍛える！
1,980円（税込）
※A5版、音声ペン対応
別売CD/1,650円（税込）

ハン検 過去問題集（ＣＤ付）

年度別に試験問題を収録した過去問題集。
学習に役立つワンポイントアドバイス付！
１、２級/各2,200円（税込）
準２、３級/各1,980円（税込）
４、５級/各1,760円（税込）
※2021年版のみレベル別に収録。

協会書籍対応　音声ペン

対応書籍にタッチするだけでネイティブの発音が聞ける。
合格トウミ、読む書く「ハン検」、ペウギ各級に対応。
※音声ペンは「ハン検オンラインショップ」からご購入いただけます。

〈ハン検オンラインショップ〉 **https://hanken.theshop.jp**

好評発売中

2023年版 ハン検公式 過去問題集
（リスニングサイト・音声ダウンロード）

2022年第57回、58回分の試験問題を級別に収録、公式解答・解説付！

1 級、2 級	…………………………………… 各2,420円（税込）
準 2 級、3 級	…………………………………… 各2,200円（税込）
4 級、5 級	…………………………………… 各1,980円（税込）

購入方法

①全国主要書店でお求めください。（すべての書店でお取り寄せできます）

②当協会へ在庫を確認し、下記いずれかの方法でお申し込みください。
【方法１：郵便振替】
振替用紙の通信欄に書籍名と冊数を記入し代金と送料をお支払いください。
お急ぎの方は振込受領書をコピーし、書籍名と冊数、送付先と氏名をメモ書き
にしてFAXでお送りください。
　　　　　　◆口座番号：00160－5－610883
　　　　　　◆加入者名：ハングル能力検定協会
（送料1冊350円、2冊目から1冊増すごとに100円増、10冊以上は無料）
【方法２：代金引換え】
書籍代金（税込）以外に別途、送料と代引き手数料がかかります。詳しくは協会
へお問い合わせください。

③協会ホームページの「書籍販売」ページからインターネット注文ができます。
（https://www.hangul.or.jp）

2024年版「ハングル」能力検定試験

公式 過去問題集〈3級〉

2024年3月1日発行

編　　著	特定非営利活動法人 ハングル能力検定協会	
発　　行	特定非営利活動法人 ハングル能力検定協会	

〒101-0051 東京都千代田区神田神保町2-22-5 Ｆ
TEL 03-5858-9101　　FAX 03-5858-9103
https://www.hangul.or.jp

製　　作　現代綜合出版印刷株式会社

定価 2,200円（税10%）
HANGUL NOURYOKU KENTEIKYOUKAI
ISBN 978-4-910225-25-8　C0087　¥2000E
無断掲載、転載を禁じます。
<落丁・乱丁本はおとりかえします>　　　Printed in Japan

「ハングル」能力検定試験

個人情報欄 ※必ずご記入ください

受 験 級
2 級 … ○
準2 級 … ○
3 級 … ○
4 級 … ○
5 級 … ○

受験地コード

受験番号

生まれ月日（月・日）

氏 名	
受験地	

（記入心得）
1. HB以上の黒鉛筆またはシャープペンシルを使用してください。
   （ボールペン・マジックは使用不可）
2. 訂正するときは、消しゴムで完全に消してください。
3. 枠からはみ出さないように、ていねいに塗りつぶしてください。

（記入例）解答が「1」の場合
良い例　●　②　③　④
悪い例　レ点　線　バッテン　点　うすい

聞きとり

1	①	②	③	④
2	①	②	③	④
3	①	②	③	④
4	①	②	③	④
5	①	②	③	④
6	①	②	③	④
7	①	②	③	④

8	①	②	③	④
9	①	②	③	④
10	①	②	③	④
11	①	②	③	④
12	①	②	③	④
13	①	②	③	④
14	①	②	③	④

15	①	②	③	④
16	①	②	③	④
17	①	②	③	④
18	①	②	③	④
19	①	②	③	④
20	①	②	③	④

筆 記

1	①	②	③	④
2	①	②	③	④
3	①	②	③	④
4	①	②	③	④
5	①	②	③	④
6	①	②	③	④
7	①	②	③	④
8	①	②	③	④
9	①	②	③	④
10	①	②	③	④
11	①	②	③	④
12	①	②	③	④
13	①	②	③	④
14	①	②	③	④
15	①	②	③	④
16	①	②	③	④
17	①	②	③	④

18	①	②	③	④
19	①	②	③	④
20	①	②	③	④
21	①	②	③	④
22	①	②	③	④
23	①	②	③	④
24	①	②	③	④
25	①	②	③	④
26	①	②	③	④
27	①	②	③	④
28	①	②	③	④
29	①	②	③	④
30	①	②	③	④
31	①	②	③	④
32	①	②	③	④
33	①	②	③	④
34	①	②	③	④

35	①	②	③	④
36	①	②	③	④
37	①	②	③	④
38	①	②	③	④
39	①	②	③	④
40	①	②	③	④

41問～50問は2級のみ解答

41	①	②	③	④
42	①	②	③	④
43	①	②	③	④
44	①	②	③	④
45	①	②	③	④
46	①	②	③	④
47	①	②	③	④
48	①	②	③	④
49	①	②	③	④
50	①	②	③	④